講談社文庫

スピリチュアルな人生に目覚めるために

心に「人生の地図」を持つ

江原啓之

講談社

新たなる旅立ち

「私は、決して特別な人間ではありません。ごくごく普通の生活をしている人間です」と語り始めた、私の初めての著書『自分のための「霊学」のすすめ』（ハート出版。現在は新装版『人はなぜ生まれいかに生きるのか』）が出版されてから八年が過ぎました。

そして、私がスピリチュアル・カウンセラーとして世にスピリチュアリズムを伝え始めてからは、早いもので十五年の歳月が経《た》ちました。

この十五年の間、私を取り巻く世の流れは、良きにつけ悪しきにつけ、変わってきています。しかし私自身は何一つ変わってはいないつもりです。

もちろん世間の目からみれば、霊能力を有している私は特別な人間に思えるかもしれません。でも、私がこれまでの十五年を邁進《まいしん》してこられたのは、決して霊能力のおかげではないのです。一人の人間として、時には苦しみを経験した末に、スピリチュアルな人生に目覚めるということがなければ、今日の私は存在し得なかったでしょう。

だからこそ今、改めて世の中の人々に申し上げたいと思います。

「私は、決して特別な人間ではありません」

私は現世の上では今年三十九歳を迎えようとしています。この仕事を始めた当時は独身であった私も結婚して夫となり、今は二人の男児の父親でもあります。一人の家庭人として、ごくごく普通の生活をしている人間なのです。

ふり返れば、私が世の中にスピリチュアリズム（心霊思想あるいは霊交思想）を提唱し始めたのは、弱冠二十三歳の時でした。若さとは恐《こわ》いもの知らずと言いますが、本当に危なっかしい道筋であったと感じます。若さゆえ、現世の上では今以上に常識知らずの面も多々あったわけです。華やかなマスコミの世界にも徐々に登場するようになりましたし、一歩間違えれば有頂天にもなりかねないところでした。

確かに、決して平坦《へいたん》な道筋ではありませんでした。

それでも私なりに冷静に自分を見つめてこられたと思うのは、それまでの私の人生経験が、私を霊的真理の実践に導いてくれていたおかげです。そしてその上を流れる大いなる力、神の糸（意図）があったおかげにほかなりません。そして、その糸（意図）によるご縁で引き寄せられた、多くの方々との出会いのおかげでもあります。

改めて思い返せば、初めての著書の出版から八年間というもの、私はスピリチュアリズムの実践の提言ばかりに励んでいたがために、私自身の心情や本音についてはまったくと言っていいほどに世のみなさまにお伝えする機会がありませんでした。

おかげさまで、刊行した本はベストセラーといわれるまでになり、「スピリチュアル」という言葉が世をにぎわすようになった今、この密《ひそ》かなブーム（!?）を生み出した私が、新たな気持ちで本書を書こうとしています。この十五年をふり返りながら、その活動の根本にあるスピリチュアリズムの大切さを、改めてここに記したいのです。

そして私は、今こそ「より高い霊的真理」をみなさんにご理解いただきたいと願っています。なぜならば、それこそが私の使命だからです。私はみなさんに「本当の幸せ」を手に入れていただきたいと切に願ってやみません。スピリチュアルな人生に目覚めることこそが「本当の幸せ」を実現させる唯一《ゆいいつ》の道であると確信しています。

私にとってのこの十五年は、いかにすれば「人生の地図」と呼ぶべき霊的真理を世の中に正しく伝えていけるのかという模索と試行錯誤の連続でした。本書の第一章では、その十五年の道程をまずふり返らせていただきたいと思います。そして第二章では「人生の地図」の何たるかを、第三章では私自身が生い立ちの中でいかにして「人生の地図」を見出《みいだ》したかを著していきます。

霊的真理とはいったい何なのか、本当の幸せとは何なのかということを、少しでも汲《く》みとってくだされば幸いに思います。

未来が見えない時代に

～講談社文庫版まえがきに代えて

二〇一九年にフランシスコローマ教皇が来日され、世界の平和を切に伝える姿が印象に残りました。東京ドーム五万人の大ミサ。全世界に十二億人以上の信徒を有するカトリック。これだけのイエス信奉者がいて、なぜ平和を訴えなければならないのでしょう。プロテスタントなどを合わせたら、この地上にどれほどのイエスを信奉する人がいることか。イエスは「剣を持つ者は、みな剣で滅びる」と教えているのですから、イエスに従い生きれば世界は平和に向かっていくはずなのです。

私が伝える近代スピリチュアリズムは、一八四八年にアメリカ、ハイズヴィルで起きたポルターガイスト騒動が始まりでした。その後シャルル・リシェなど科学者の心霊研究が盛んとなり、様々な実験の末に、霊魂を否定できないのであれば、死して無になるなど、私たちの常識が間違っているのではないかと得心し、ならば真実に従った生き方をしたい、そして世に真実を広めようとしたのがスピリチュアリズム啓蒙《けいもう》運動です。百七十年以上に及ぶ心霊実験と研究。霊的世界と通信をとる実験などで明らかになったことは、スピリチュアリズムを伝えている源も、なんとイエスであるということです。確かに、書籍にもなり世界中で読まれている有名な霊界通信でも度々イエスについて言及されていますし、スピリチュアリズムの法則もイエスの言葉をより明確に示したものばかりです。霊界通信のなかには、キリスト教のみならず、スピリチュアリストの存在もあるのです。しかし、イエスが今の時代にも私たちを見捨てることなく導こうとしているにもかかわらず、世界が平和であると断言できないということは、人類はまだまだ回心に至っていないようです。

スピリチュアリズム研究における霊界通信では「イエスの再臨」は、イエスという人物が再びこの地上に生まれるということではなく、あくまでも「霊的再臨」であるということです。霊的再臨とは、人類一人一人のたましいに霊的真理が宿ること、いわばイエスが宿るということだとイエスの霊団は言及します。つまり、私たち一人一人が救世主であるということです。

世の多くの人たちが躓《つまず》くのは、イエスこそ救世主であり、私たちはイエスに依存し救われる身と決めつけていることだと実感します。私がこれまで書いてきた様々な書籍も、レビューなどで度々、「江原さんは問題提起しているが、ではどうしたら良いのかが具体的に書かれていない」と批判を受けます。私はそのような投稿にはいつも哀しみをおぼえます。物質的価値観の悪しき問題である、マニュアルを示してもらい対処する依存にしか考えが及ばず、自身が救世主として世の中を変えようと努力しないからです。インスタントの時代。なんでも楽に早く解決しなければ楽しくないという時代です。しかし、「ローマは一日にして成らず」なのです。

霊的真理で現世において最も大切な法則は、因果の法則と波長の法則です。これは現世二大法則と私は言及しています。なぜなら現世に生まれてきた理由は、この二大法則のためと言えるからです。私たちの日常は、この二大法則で成り立っています。原因があって結果となる因果の法則。これは、自らが蒔《ま》いた種は自らが刈り取るということです。そしてその努力の思いこそ、より前向きな導きを引き寄せるのです。この波長の法則は、多くの人が経験の中で確信を得ているようですから、その根底である努力を惜しんでほしくはないのです。一人一人が救世主なのですから、救世主としての人生を歩んでほしいのです。古い日本の言葉に、「自分がやらねば誰がやる」という利他愛に満ちた尊い言霊《ことだま》があります。「今だけ・金だけ・自分だけ」の時代と言われる今、世界に何が足りないのか。それは救世主としての実践です。一人一人が救世主と意識し生きればこそ、利他愛に満ち、世の中が愛の世に変わるはずです。

この「スピリチュアルな人生に目覚めるために」は、二〇〇三年に出版されました私の軌跡と霊的真理の大切な基本を収めた書籍です。私の活動も三十年を過ぎ、この度この大切な書籍を講談社文庫に継承していただける幸いを得ました。これもイエス様の導きと感じます。未来が見えないというこの時代に、この書籍の副題「人生の地図を持つ」をもう一度ご確認いただき、一人一人が救世主であるという認識を新たにし、世界平和はもとより、みなさまの人生が輝きを増していただけましたらこのうえない喜びです。

スピリチュアルな人生に目覚めるために
心に「人生の地図」を持つ

もくじ

スピリチュアルな人生に目覚めるために

心に「人生の地図」を持つ

第一章　私の「十年計画」とこれから

一、スピリチュアル・カウンセラーとして

小さなアパートからの出発

私がスピリチュアリズム研究所を設立したのは二十三歳の時です。東京・下北沢の小さなアパートの一室よりのスタートでした。

スピリチュアリズムは、それまでの私の人生経験を通して見えてきた「人生の地図」であり、「生きることの真理」そのものです。これを多くの人々に伝える方法の一つとして、私はここでスピリチュアル・カウンセリングを始めました。

当時はまだ「スピリチュアル」などという言葉は世の中のほとんどの人が知らないという時代でした。「オーラ」や「ヒーリング」などの言葉も、今では、(本来の定義から言えば誤用が多いものの) すっかりポピュラーになっていますが、当時はまだ一般になじみがありませんでした。

このような時代だった上、私自身も名もなく身内もほとんどないに等しい身の上で

したから、大きな理想を掲げるよりも、まずはスピリチュアル・カウンセリングを通じて一人でも多くの人に霊的世界を認知してもらうというところから一歩ずつ歩を進めようと考えました。

朝から晩までスピリチュアル・カウンセリングのみにひたすら従事していたこの頃の経験は、今の私にとっても大きな学びとなっていることを実感します。私自身のたましいの成長のためにもなりました。

「心霊相談」と「シッティング」

スピリチュアル・カウンセリングを行うにあたっては、いくつかのこだわりがありました。その大半は、研究所を開設して間もない頃からたびたび足を運んだ心霊研究の本場、ロンドンでの勉強時代に心に決めたものでした。

こだわりの一つめはカウンセリングに「シッティング」形式を取り入れることです。これはイギリスをはじめ欧米諸国では当然のように行われている形態で、日本の霊能力者が行う「心霊相談」とはまるで違うものです。

日本の「心霊相談」は読んで字のごとく相談ごとが主体です。一般に「おうかがい」と言われるように、相談者は最初から霊能力者に相談内容を語り、ただ具体的な指針のみを求めます。そのおおよその目的は、現世利益《りやく》を叶《かな》えることが中心と言えます。日本人はどういうわけか、古い時代から「現世利益」のとりこのようなのです。快楽して個人の幸せを望むという「小我」の目、いわば現世的な物質欲が霊能力者に対して求めることの主体であり、それだけ依存心の強い国民性であると言えます。

しかし欧米の「シッティング」は目的がまったく違います。霊的世界を実証するために、霊能力者が霊的世界とコンタクトを取り、その人に関わるさまざまな情報およびメッセージを一方的に伝えてゆく方法なのです。

メッセージを伝えてくるのは、依頼者の亡《な》くなった身内や、依頼者自身に関わる霊的に縁ある方々（守護霊等）などさまざまです。現世側の要望ではなく、あの世側の事情で、その時々に通信を希望する霊たちが現れるのです。霊能力者はまさに「霊媒」としてそのメッセージを依頼者に通訳していきます。

依頼者は、霊媒が伝えるメッセージを理解できればイエス、理解できなければノーと、ただ答えていきます。日本のおうかがい的「心霊相談」と違い、「シッティング」では、依頼者は自分からは何も質問しません。

しかしそのメッセージの中には、依頼者自身にしか知り得ない事柄が次々と出てきて、依頼者はそこから霊的世界は確かに存在するという強力な確証を得ることとなります。また、ほとんどの「シッティング」では、依頼者が今抱えている問題にずばり話題が及び、それに対しての回答も示されていきます。

それを初めて体験した人は「なぜわかるのだろう」と、ある種のショックを覚え、そのショックにより霊的世界への関心の扉が開かれます。それはまさに、その人がスピリチュアルな人生に目覚める、エポックメイキングな感動の時です。

私はイギリスにおいて、その感動の場面に何度も立ち会いました。愛する人を喪《うしな》った悲しみに暮れる人々が、故人からのメッセージを得て、生気を取り戻す瞬間を見てきたのです。特に、偉大な霊能力者ドリス・コリンズの邸宅で行われていた個人シッティングに立ち会わせていただいた時の衝撃は生涯忘れられません。

依頼者は若い女性でした。ドリスはその女性の正面に座るや否《いな》や話し始めました。

「あなたの亡くなったボーイフレンドが来ています。彼はあなたの目の前で交通事故に遭って死んでしまったと言っています。その時二人はちょうどケンカをしていたわね。だから、彼が死んだのも自分のせいではないかと、あなたは自分を責めている。でも彼は、君のせいじゃないと言っているわ」

すると女性は突然泣きじゃくり始めたのです。ドリスは通信を続けました。「今おなかの中にいる僕の子を、どうか大切に育ててほしいと彼が言っているわ。この子はかわいい男の子として生まれてくる。そしてこの子をわが子として大切に育ててくれる男性が現れる。だから君はその人と幸せになってほしいとも言っていますよ」と伝えました。

そしてさらに「今日は彼の写真はどうしたの？　いつも持ち歩いているのに、今日はバッグを替えたために忘れているって彼が言っているわよ」と伝えました。その女性は「まさか！」というような声を上げ、かばんの中を探しました。彼女は事実、その日に限ってバッグを替えていたために彼の写真を忘れていたのでした。

彼女は来た時とはまるで違う喜びに満ちた表情でお礼を言って帰りました。自分からは何一つ質問をしなかった彼女でしたが、心にある悩みは、ドリスが伝えたメッセージにより解消されたはずです。そして「永遠なる生」と「霊的世界」を肌身で感じ、安らぎと喜び、そして生きる勇気を得たはずです。この日はきっと生涯忘れられない日となり、今までとは人生観まで変わってしまったことでしょう。

そうです。あの世からのメッセージを伝える時に大切なのは、その人が現世で抱えている悩みを解消することではないのです。この現世の「物質主義的価値観」という不幸の生活原理の代わりに、「霊的価値観」という新たなる視点を与えることなのです。それはその人の生涯の生き方をも変える、人生の大きな福音にもなり得るのです。

私も「シッティング」によって霊的世界を証明し、その感動を通じて霊的真理の福音を広めてゆこうと考えました。私が行うカウンセリングは一人あたり一時間ですが、前半は「シッティング」を行い、残りの時間で質問を受け、具体的問題に対しての対処法を助言させていただくという形式をとることにしました。

仰々しい演出は要らない

二つめのこだわりは、仰々しい演出は絶対にしないということです。

欧米諸国の霊能力者には教祖的色合いはまったくなく、むしろ技術者としての自負を持っています。ですからみずからを尊大に演出するような服装もしなければ、神殿も持ちません。ごく普通の営みをする人間としてシッティングに携わっています。

これに対し日本の霊能力者は、衣装や建物にいろいろと仰々しい演出をします。最近はだいぶ減ったようですが、まだまだその傾向は根強いように思います。

霊的世界と関わるための方便もしくは技法のために、宗教を利用することは否定しません。欧米では、ほとんどの人がキリスト教徒なので、祈りの時などは最後に必ず「アーメン」と唱えます。しかし服装は平服です。霊能力と身なりとは何の関わりもないからです。

しかし日本の霊能力者の中には立派な神殿を持ち、大仰な衣装をまとって「心霊相談」をしている人がいます。それらはあくまでも現世的な演出効果を狙《ねら》ったものに過ぎません。

誤解してはならないのは、「宗教」があって「霊的世界」があるわけではないということです。「霊的世界」があるのが先で、それを昔の霊能力者たちが現世の言葉で表そうとしたのが「宗教」なのです。

これは、外国との貿易にたとえるとよくわかると思います。「貿易会社」があって「外国」があるわけではないのです。あくまでも「外国」があるからこそ、さまざまな「貿易会社」が成り立っているわけです。

イエスもブッダも元はと言えば一霊能力者です。宗教とは、彼らのような先人たちが「霊的世界」を感受して残した言葉、教えをもととして、後世の人がその時代、時代に合わせて現世の方便をつけ加えていったものです。教会、神殿、仏殿、法衣、儀礼のほとんどは、人々に宗教的信仰心を湧《わ》かせるために用いた演出にすぎません。それは歴史を見れば明らかです。

つまり、それらの一切は、純粋に「霊的世界」を語るためにはまったく必要ないものなのです。正直に申し上げれば、テレパシー能力さえあれば、それを発揮するのは裸でもできますし、自分自身がアンテナになりさえすれば神殿など不要です。

ですから私は俗に言う「拝み屋」的演出はするまいと思いました。イギリスの霊媒から学んだ通り、平服でスピリチュアル・カウンセリングをしようと決めたのです。そしてカウンセリング・ルームは、相談者が安らぎを得られるよう、かわいらしいサロン風にしました。

三つめのこだわりは、この仕事は「求められてこその仕事」だということです。

私は自分の宣伝や売り込みをしたことは、ただの一度もありません。私は世の中から必要とされない限りは、敢《あ》えてこの仕事をする必要はないとつねづね考えています。霊界が私を必要としている限り、私は働かされるのだろうと思っているだけです。

ですから霊能力者がみずから宣伝、売り込みをしているという話を聞くと、信じられない思いがします。なぜそこまでしてこの仕事に執着するのでしょうか。私なら、求められなくなった時は、潔《いさぎよ》く辞めます。

そもそもこの仕事一本で生きると決めた時もそうでした。第三章で詳しく述べたいと思いますが、私はかつて神社の神職についており、その仕事の合間に神社の中でカウンセリングをしていました。しかし、やがてクチコミで伝わって神社を訪れる人がどんどん増え、本業がままならなくなってしまったのです。

私は悩みましたが、霊界から求められている自分自身の人生が、霊的真理を伝える道であるならば、その道に専念しようと決心し、独立したのでした。

「スピリチュアル・カウンセラー」という肩書き

日本では「霊能力者」と言うと、キワモノ的に心霊現象を扱う、宗教色の濃い、あまりにも特殊な人々がイメージされます。

しかしはじめに申したように、私自身はほかの人と何一つ変わったところもない、きわめて一般的な人間です。そこで「霊能力者」という肩書きはなるべく避けてきました。

なぜ「なるべく」なのかと言えば、「スピリチュアル・カウンセラー」と自己紹介したところで、必ずと言っていいほど「それはどういう仕事をする人ですか？」と聞き返されていたからです。今はこの肩書きもだいぶ認知されてきましたが、それまでは、聞き返されるたびに「俗に言う霊能力者です」と言い直して、納得していただかなくてはなりませんでした。

　このような状況でしたから、私がいくら忌《い》み嫌っていても、現世利益を容易に叶える魔法使い的イメージと、拝み屋的な宗教色イメージを、世間の目から完全にぬぐいさることはできませんでした。

私は霊能力者になりたいと志願したことは一度たりともありません。まして拝み屋的な存在として扱われたくないと強く願ってきました。

人はよく、私が霊能力を生まれながらに持っていたから霊能力者になったのだと想像するようですが、私にとっての霊能力とは、第三章で述べているように、「スピリチュアルな人生」に目覚めるために大いに役立った「道具」でした。私の人生のすべての指針は、霊能力そのものではなく、霊能力を使って得た人生哲学、すなわち霊的真理なのです。

　世間の多くの「霊能力者」はあくまでも霊能力が主体のようです。それだけに人格は二の次となってしまいがちです。どう見ても低い霊にふりまわされているとしか思えない、嘆かわしい霊能力者の姿も目にします。

高い霊は決して現世の人間を束縛しません。なのに、霊能力者と自称する人のなかには、現世の常識を無視し、奇妙な行為をもって世間の人々の眉《まゆ》をひそめさせているような人物もいます。

はっきり申し上げますが、私はそれらの方々と同一視されたくはないのです。

霊界のメッセージの通訳者

「スピリチュアル・カウンセラー」と名乗るようになったのは、やはりロンドンで出会った霊媒の影響です。ロンドンでは、スピリチュアル・カウンセラー、もしくはミーディアム（媒体＝霊媒）が霊能力者たちのもっとも一般的な肩書きです。

日本語の「霊媒」という名称も、その意味からして本来は的確なのですが、どうしても暗いイメージが離れません。ちなみに私は本に記す用語等でも横文字をそのまま使うことが多いのですが、その理由は、暗いイメージからの脱却を望んでのことです。たとえば「霊」という文字を私はあまり使いません。「たましい」とひらがなを用いるか、もしくは横文字をカタカナに置き換えて「スピリット」としています。

ロンドンで最初に出会った「スピリチュアル・カウンセラー」に私は問いました。

「あなたはその肩書きを、どういう意味で使っているのですか？」

すると彼は、

「私はスピリチュアル・ワールド（霊界）からのメッセージ、助言をもとにして人々の悩みに答えています。でも、お告げか何かのように、有無も言わせずに相談者に従わせるわけではありません。あくまでもカウンセラーとして悩みに耳を傾け、今その相談者がいかにあるべきかを助言するのです。スピリチュアル・ワールドからのメッセージは、いわば薬です。私はそれを、時代やその人を取り巻く環境、そして本人の理解度に合わせて正しく処方するのです」

と言いました。

この言葉に私は大いに納得しました。そして私も、日本で歴史上用いられてきた「心霊相談」という名称や方法を用いることを避け、「スピリチュアル・カウンセリング」という言葉を使うことにしました。

スピリチュアルな世界からのメッセージは、つねに霊界の叡智《えいち》に満ちた完璧《かんぺき》なものです。しかしそれはこの世の人々には難解なもののようです。その人のたましいの成熟度によっては、なかなか理解しがたいものなのです。また、人間は利己主義の「小我」に心をふりまわされているために、高い次元からのスピリチュアルなメッセージをつねに素直に受けとめられるとは限りません。

そこで、スピリチュアルなメッセージをその人向けに「処方」する、スピリチュアル・カウンセラーの役割が必要となるのです。相談者の目線になり、細かな心の動きに寄り添い、メッセージを「処方」しながらその人が本当の幸せを得るべく「たましいの成長」を促さなければならないのです。

相手のたましいの成長の度合いに応じて処方のしかたを変えていくという図式は、霊的真理をお米にたとえた場合の、人間とお米の関係に似ています。

離乳したての赤ちゃんに、もし、普通に炊《た》いた「ごはん」をあげたらどうなるでしょう。消化不良を起こしてしまうはずです。赤ちゃんには「おもゆ」から食べさせ、やがて「おかゆ」に変えていかなければなりません。そして肉体が十分に成長した時にようやく「ごはん」を食べさせることができるのです。

大人でも体調を崩した時は「おかゆ」を食べ、体の負担を軽くします。

人間のたましいと霊的真理の関係も同じなのです。

第二章の「階層の法則」で改めてご説明しますが、たましいには成長の度合いというものがあります。私はそれを「たましいの年齢」と言っています。これは肉体の年齢には比例せず、人格におおむね比例します。高齢でも、たましいの幼い人はいます。また幼くても大人のたましいを持った人もいます。

現世にはさまざまな「たましいの年齢」の人がいますから、どの人に対しても正しく高次のメッセージを伝えてゆくことは、スピリチュアル・カウンセラーに課せられている大変な役目です。

「お告げ」のような一方的な伝え方が正しくないのはそういった理由からです。もし「お告げ」を幼いたましいが理解したとすれば、それは「現世利益《りやく》の甘い蜜《みつ》」でしかないと言えるでしょう。幼いたましいは、みずからの「たましいの成長」よりも「現世利益」が大好きです。地道な勉強よりも遊びを好む子どもと同じです。そして、「現世利益」を中心として成り立ってきた日本の「心霊相談」は、「たましいの成長」をむしろ妨げる危険性をつねにはらんでいます。

また、「現世利益の甘い蜜」ばかりを伝えてくる霊は、残念ながら低い霊なのです。高い霊が伝えるメッセージは、親と同様、いやそれ以上に厳しい助言であることが多いのです。あくまでも「たましいの成長」を望んでいるからです。

もちろん高い霊であっても、時に必要とあらば、奇蹟《きせき》とも思われる現象を見せつけてくださいますが、それはそうする「意味」がある時だけです。単なるわがままを叶《かな》えるための奇蹟を日常的に現す霊能力者がいたとすれば、その霊能力者は「低い霊のいたずら」の支配下にあると断言できます。それでは「たましいの成長」のためにならないからです。子どものわがままを何でも聞き叶える親が正しいとは言えないのと同じ理由です。

しかしこの間違った考え方は、日本中にまだまだ、はびこっています。幼いたましいの学びの場である現世では、それも致し方のないことなのかもしれません。

また、霊能力を持つことと、高い人格が必ずしも比例しないということも、ぜひ覚えておいていただきたい真実です。

それは、数学の演算とよく似ています。プラス（高い霊）とプラス（波長の高い霊能力者）をかければ、答えはプラスです。でも、マイナス（低い霊）とマイナス（波長の低い霊能力者）をかけても、答えはプラスなのです。つまり低い霊がつかさどる波長の低い霊能力者にも、俗に言う「よく当たる」現象が起きるのです。ただしそこに高い精神性は感じられず、また低俗な問題には強いのですが、難題を解くことはできません。

しかし世の中ではこのような波長の低い霊能力者こそ、もてはやされるのです。そういう人物がやがて「教祖様」となってゆくありさまも、目にします。

人生の目的は「たましいの成長」

この現世に生きる以上、誰しも簡単に幸せを得られたら楽だと考えるでしょう。また現世にいれば、どうしても物質的価値観におぼれてしまいがちです。「物質の豊かさこそが幸せ」、「長生きが幸せ」という具合に。しかし、それらは「霊的視点」を持たないからこそ起きることとです。

現世は、あくまでもたましいを成長させる学びの場なのです。だから、「なぜ現世が存在するのか」という摂理をわきまえた上でのカウンセリングでない限り、必ず行きづまりが生じてくることになるのです。

私たちが一番大切にしなければならないことは「たましいの成長」です。それこそが私たちの「人生の目的」なのです。

この物質界にあるものは、私たちのたましいが成長するための「学びの教材」に満ちています。物質主義的価値観におぼれるのはいけないことですが、物質界そのものが無意味だというわけではありません。私たちがわざわざこの物質界に生まれて来ている以上、物質界には物質界が存在する意味があるのです。スピリチュアル・カウンセラーは、その根本を理解した上で人事百般の悩みごとに答えていかなければいけません。

霊的真理から見れば、この世に「偶然」はありません。すべてが意味のある「必然」です。人生のすべての行きづまりには、そこから学ばなければならない「何か」があるのです。学ばなければならない「間違い」があるのです。すべては「たましいの成長」のためです。

スピリチュアル・カウンセラーの目的は、あくまでも霊的真理を土台とした、相談者の「たましいの成長」です。そのために私は、スピリチュアル・カウンセラーとして、高い霊よりのメッセージを、相談者に正しく咀嚼《そしゃく》してもらう手助けに尽力してきました。

私が世間から注目されていく過程で、「スピリチュアル・カウンセラー」と名乗る人々が増えました。

その中には勝手に江原啓之の弟子を名乗って仕事をしている人物もいるようです。

しかし私には今のところ弟子はいません。現世とは未熟者の学びの場であるとは言え、まったく困ったものです。みなさんどうか、お気をつけ下さい。

二、一人でも多くに「人生の地図」を

不動産探しの苦労

スピリチュアル・カウンセリングという仕事をしてくる中で、私は、現世ならではの壁にたびたびぶつかりました。不動産探しの苦労などは、その最たるものでした。スピリチュアリズム研究所設立当初は、今と違い、私一人ですべてを切り盛りしていました。また、私のもとに集まる人たちがボランティアで手伝ってもくれたので、スピリチュアル・カウンセリングの相談料金についても、研究所の運営費および私の生活費がまかなえれば良いと気楽に考えていました。

しかし設立から一年を過ぎた頃には、どうしても専任のスタッフが必要となってきました。相談希望者からの電話が増えて、私がいちいち出ていられなくなったのです。事務的な作業も一人ではこなしきれなくなってしまいました。

一人、二人、そして三人と、スタッフを増やして対応しました。小さなアパートで

は窮屈になり、近所のもう少し広い事務所に移転しました。家賃、スタッフの給与と出費がかさむようになり、やむを得ず相談料金を値上げしました。

移転先の事務所は二年間の契約でした。その期限が近づき、また引越しを考えなくてはならなくなった時に、折悪《おりあ》しくも一連の「オウム事件」が起きました。すると社会の目は、精神世界と呼ばれるすべてをオウムと「十把一からげ」にしてしまいました。

どの不動産会社でも「オウムじゃないでしょうね」と言われ、審査が大変でした。親身になってくださる不動産会社があっても、家主に良い返事がもらえませんでした。当時はまだバブル景気の余韻が残っていたので、いくらでも入居希望者がいたのです。マンションのようなところはどこも断られました。理由は、(相談者という)不特定多数の人に出入りされては困るからでした。

やっと良い返事をもらえたのは、家賃五十万円を超える一軒家でした。それも、いくつかの規制つきでした。書籍、雑誌などに住所を載せない。表札は個人名で、「スピリチュアリズム研究所」の看板を出さない。理不尽とは思いつつも、弱い立場ですから、応じるよりほかありませんでした。

家賃が高いだけに、好むと好まざるとにかかわらず、一見とても豪華です。事情を何も知らない人からは冷やかされ、その分また相談料金を値上げしたこともあってか、成金呼ばわりさえされました。この世には他人の表面しか見ない人も多いのだと、気づかされる経験になりました。

この頃、私生活では結婚し、子どもも一人生まれました。はじめは事務所と別に住まいとしてアパートを借りていましたが、事務所の家賃は高いし、広い間取りも有効利用したいと考えて、途中から職住を一緒にしました。

豪華な家に住めて幸せかといえば、まったくその逆で、なにかと苦労の連続でした。というのも、私が仕事中、家族の居場所がないのです。

広いと言っても事務所と居住を兼ねてしまえば、意外に余裕はありません。ダイニングを事務所にしていたので、台所は使えませんし、においも出せません。子どもが泣いたり、騒いだりしないようにも気を遣いました。

カウンセリングルームに生活臭を出さないのは私のポリシーでもありました。なぜなら相談者にはさまざまな事情のある人がいるからです。たとえば「子どもができない」、「子どもさんを亡《な》くした」という方は、子どもがいる家を見るだけでつらい気持ちになるかもしれません。「子どものいるあなたにはわからないでしょ」と、私に心を閉ざしてしまうかもしれません。細やかな気配りは、いくらしてもし足りないほどです。

カウンセリングルームには「癒《いや》し」も必要です。そこでの一時間は、相談者にとって、限られた大切な時間です。音楽、グリーン、装飾などで現実の疲れを癒してさしあげるよう心を砕きました。

別の気苦労もありました。さまざまな事情から精神的に追い詰められている人などは、ごくたまに研究所に対してもストーカーまがいの行為に走ったりするのです。そういうリスクをも、家族は抱えなければいけませんでした。

「清貧美徳」との闘い

お金にまつわる批判もたびたび受けてきました。

現在スピリチュアル・カウンセリングは休止していますが、休止直前の相談料金は五万円でした。これは私が妥協できる最高額でした。

五万円になったことには、以上に書いてきたような諸々《もろもろ》の事情のほかにも理由がありました。

マスコミに出てしまったため、相談希望者の数がものすごい勢いでふくれあがったのです。しかしその中にはいたずらに興味本位な人や、私を魔法使いと勘違いしている人が結構いました。カウンセリングは、一人一人が真剣勝負です。ですからこの金額には、遊び半分の気持ちで相談を希望されては困るという意味もこめていました。

人間としてのマナーすらないような人々もいました。予約を入れられない不満をさんざんスタッフになげつけるのです。「誰よりも自分が先に」、「安く」、「ご利益《りやく》はほしいけど努力はいや」。何でも自分の都合のよいように求める人々には本当に困りました。

私の相談料金は高いとよく批判を受けます。確かにその額は高いかもしれません。しかしこの金額は私の信念と覚悟に基いたものなのです。相談者によっては必要上ヒーリングや浄霊を施す場合もありますが、すべては料金に含むものとして考えています。それは相談希望者にも必ず伝えていました。

誤解をおそれずに申し上げれば、重い相談事を抱えている人には「安く」、たいした悩みでない人には「高い」ということなのです。

相談者のなかには経済的に苦しい方がたくさんおられるのも承知しています。そのような方に限ってそれを口に出しませんが、私にはすぐにわかります。その方の守護霊が教えてくれるからです。私はそのような方には、帰り際《ぎわ》にお金をお返しさせていただいたこともあります。

私自身にも貧しい暮らしをした経験がありますから、いかにお金が大切なものかがよくわかります。でも、お金に決してふりまわされることなく、上手に扱わなければいけないと肝に銘じています。ですから私は、いただいてよいところからは堂々といただき、いただいてはいけない人からはいただかないと、固く心に決めていました。

人は他者に対してはよく「清貧美徳」を望みます。

本心では富を望みながらも、現実にそうは行かない人に限って、お金にまつわることで他人を執拗《しつよう》に批判します。心にゆとりがない人は、とかく不満に満ちた生活感から批判屋になるのです。

みずからのポリシーで、心から「清貧美徳」を実践している人は、他者のお金についてあまり批判しません。なぜならば、そういう人は心にゆとりがあるからです。

そもそも「清貧」とは何でしょうか。実は定義などありません。「豊かさ」も同じです。たとえ一万円の持ち金であっても豊かと思う人は豊かであり幸せです。百万円持っていても不安な人は貧しいのです。

よく「自分が食べて行けるお金さえ稼げればいい」などと言う人がいます。「美徳」と思っての言葉かもしれませんが、私は「利己主義」以外の何ものでもないと感じます。自分が食べて行ける以上に稼いでもいいのです。そして自分が不要なら必要な人たちに寄付すればいいのです。自分の正しい動機から稼いでさえいれば、どれだけ稼いでいるかは問題ではありません。お金に罪はないのです。大切なのは、どれだけ正しい動機をもってお金を扱っているかです。

お金は人の心のバロメーターです。お金の扱い方にはその人の品性が表れます。努力もせずに「お金がない」と愚痴ばかり言う人も、お金をため込んでばかりで生かせない人も、物質欲のみで人間の価値を判断し、あふれかえるモノの中で暮らしている人も、たましいに問題があるのです。

私は「生きた」お金しか使わないと心に決めていますし、つねにお金を「生かし」、世の中に役立てていきたいという信念を持っています。

スピリチュアル・カウンセリングの限界

スピリチュアル・カウンセリングを十五年続けた経験から私が学んだことのひとつは、人が霊的真理に目覚めるためには、スピリチュアル・カウンセリングという「たましいのカンフル剤」が必ずしも有効ではないという現実でした。当然といえば当然ですが、カウンセリングを受ける前にたくさんの経験を重ねていなければならないのです。それまでの人生の中でその人がどれだけ内観して「生きる目的」を探求してきたか、悩んできたか、人生哲学を考えてきたかの度合いが、スピリチュアル・カウンセリングが有効か否《いな》かの分かれ道だったのです。

相談者には大きく分けて三パターンの方々がいます。

まず一つめは、完全に「物質主義的価値観」から抜け出すことなく来所される方々です。この場合は、スピリチュアル・カウンセラーとして「むなしい」の一言に尽きます。

彼らは「拝み屋」に「現世利益」を求めるような気持ちで私を訪ねます。ですから生き方などどうでもよく、願いが叶《かな》うか、どうすれば儲《もう》かるか、どうすれば要領よく生きてゆけるかを知りたいという程度の目的しかありません。

この人たちが重視するのは「当たるか当たらないか」です。中には、どう見ても現世では合法でないことを成功させようという、神をも恐れぬ人までいます。

二つめは「のどもと過ぎれば熱さ忘れる」人々です。このタイプが相談者の大半を占めていたと言えるかもしれません。

彼らはカウンセリングの場では大変に感動し、自己の生き方の間違いを正そうとします。しかしそれが苦しさから逃れたいだけの一時的な方便であったことを示すかのように、悩みから解放されるとすっかり感動が消えてしまうのです。それゆえに、霊的真理を学ぼう、実践しようという思いを抱くには至らず、「また困った時は、先生助けてください」などと言うのです。「人生の地図」は要らず、困った時の方向指示をしてくれる「ナビゲーション」だけを求める、依存心の強い人々です。

みなさん善良で素直な方々ではありますが、失礼ながら「たましいが幼い」のです。

三つめは、カウンセリングをきっかけに、見事に霊的真理に目覚める人たちです。人生を深く経験してきている人たちであり、たましいの経験が豊かな人たちなので、カウンセリングにも多くの言葉を要しません。彼らは一度のカウンセリングで今までの人生をふり返り、大いに霊的真理を得心します。そしてその後の人生では、試行錯誤しながらも自分なりに立派に真理を実践して生きてゆきます。

私は十五年の経験から痛感しました。人にはそれぞれ目覚める時期があるのだと。機が熟してこそスピリチュアル・カウンセリングの意義があるのではないかと。

今は目覚めていない人たちにも、先々には目覚める時が来るでしょう。その時になって意味がわかるのなら、スピリチュアル・カウンセリングを受けておくことは無駄にはならないでしょう。しかしどちらかと言えば、目覚めないうちにカウンセリングを受けるよりも、たくさんの経験を通して、たくさんの感動を得たほうが、その人のためになるだろうと思うことがあまりに多かったのも事実です。そうした方たちには スピリチュアル・カウンセリングがむしろ依存心ばかりを増長させて、その人の目覚めの時を遅らせてしまうのではと、私は危惧《きぐ》さえ抱いたほどでした。

もしそうなら、私は相談者のたましいのために余計なおせっかいをしていることになります。それはあまりにも皮肉で悲しい結果ではありませんか。

来る日も来る日も相談依頼の電話が殺到する現状を見て、私は悩みました。自分は人々を安易に霊能力に依存させてしまっているのではないかと。

月に一度の講座

この十五年、スピリチュアル・カウンセリングと同じように、いやそれ以上の思いを持って行ってきたことがあります。それは、月に一回開催している「スピリチュアル講座」です。

現在この講座は、新宿の小さなホールで月に一度、午前、午後、夜の三部に分けて開催しています。合計八百人を動員していますが、それでもチケットを入手できない人たちがキャンセル待ちをしていてくださるほどの盛会ぶりです。

新宿に会場を移したのは一年前で、それ以前の、スピリチュアリズム研究所設立当初からの十四年間は、私が奉職していた神社の大広間を借りて行っていました。四十人くらいの参加者が畳に座る和気あいあいとした雰囲気の中で、私はまるで寄席《よせ》のように楽しくスピリチュアリズムの話をしたものです。

私はこの講座にこそ大きな意義を感じてきました。カウンセリングはスピリチュアリズムを学ぶための大切な入口ではありますが、私が広めたい「人生の地図」、すなわち霊的真理をみなさんに伝えられるのは、講座という場だと考えているのです。

人は、何かしらの問題を抱えた時に、ふと「生きる目的」がわからなくなります。生きている充実感のない、心の迷子となってしまうのです。

病気になった時にも、人は壁にぶち当たります。生活の豊かさを求めて必死にがんばってきた人も、病気になってみて、今までの自分の努力がむなしく思えて失望してしまうのです。

こうした人生の行き詰まりは、実は不幸なことではありません。霊的真理に目覚めるためには、不幸どころか「幸い」です。

現世で人は、不慣れな場所に出かける時に地図を見ます。地図で現在地を確かめ、目的地を探します。そして目的地までの道を確認するものです。

しかし人生に関しては、多くの人は、車や家などの物質には目的を持っても、人生の目的地を考えてはいません。ですから「人生の地図」をも見ようとしないのです。人の心が人生の迷子になるのは当然です。

スピリチュアリズムの霊的真理とは、まさにすべての生きとし生けるものの地図です。

「スピリチュアル講座」は、その霊的真理を話す場です。私という一人の人間が持つ時間は有限です。その中で出会えた相談者の相談時間は一人あたりたったの一時間です。その制限の中でできるのは、「シッティング」によって新たな視界を提供することと、今相談者が抱えている悩みに答えることだけです。それすら十分にできていたとはいえません。まして霊的真理まで伝えられるはずもありませんでした。

だからこそ、講座の役割が重要なのです。

「浄霊」よりも「霊的真理」を

相談者と一対一でないとできないことの一つに、「浄霊」があります。しかし深刻な憑依《ひょうい》や霊障といった相談ごとは、実際は百件に一件あるかないかで、それほど多くはありません。

また、憑依などと言うと恐ろしい一大事のように聞こえるかもしれませんが、霊視をする私から正直に言わせていただければ、実は誰にでもあることで、取り立てて騒ぐほどのことではありません。ですから私は、よほど重症な憑依でない限り、本人に伝えたりしません。

第二章で紹介する霊的な法則の一つに「波長の法則」があります。いわば「類は友を呼ぶ」という法則です。

たとえばあなたが不平不満で悶々《もんもん》としていたとします。その思いの波長に引き寄せられ、同じく人生を悔やみ悶々としている霊が憑依してきます。その影響も手伝って、悶々としたエネルギーがよけいに高まり、現実の人間関係の中で他者とトラブルを生じさせます。

トラブルは誰にとっても苦痛です。そこであなたが苦しみ、自分が悶々としていた原因を冷静にふり返り、心のあり方を改めることができれば、あなたは一つ学びを得たことになります。そして同時に、実は同化している憑依霊までがともに目覚め、浄化向上していくのです。

私はそのような光景を霊視するにつけ、「切磋《せっさ》琢磨《たくま》」とは生きている人間同士ばかりでない、人間は死後のたましいとも「共存共栄」しているのだと、つくづく感心させられます。人はみな未熟です。あなたにも、つい言ってはいけないことを口に出してトラブルを招くことがあると思いますが、それはあなた自身に内在していた本音を、波長によって引き寄せられた憑依霊が後ろ押しして口から出させていることもあるのです。その結果起こるトラブル自体はいやなものですが、しかしそのおかげで、あなたも憑依霊も、お互いにたましいを成長させることができるのです。

憑依はこのように、体にある雑菌が人間の肉体を強くするのと同じように、人間のたましいを強く鍛えます。私が、憑依を受けている人を見ても敢《あ》えて口にしないのはそのためです。ごく自然なこととらえているのです。

しかし世間の霊能力者たちは、金儲けのためなのでしょうか、あまりにも憑依という言葉を口にしすぎるようです。これではかえって人々を不安に陥《おとしい》れるだけだと、私は思っています。

もちろん、いたずらに不安に怯《おび》えて騒ぐ一般の人々にも問題はあります。騒ぐのは無智《むち》ゆえです。正しい霊的知識さえ持っていれば何も恐れることはありません。「波長の法則」からすれば、憑依現象とは自分自身をまるで鏡に映し出すようなもの。高い人格には高い霊、低い人格には低い霊が憑依するのですから、人格を高めることに精進していればいいだけなのです。

もちろん憑依の中には重いものもあります。たましいの幼さにより自分自身を内観することができずにいると、どんどん憑依が増えていき、しまいには通常の生活すらままならないほど、にっちもさっちも行かなくなります。そのような時に初めて、霊能力者による浄霊という、救急救命的な手助けが必要となるのです。

その場合にももちろん、浄霊を済ませればそれで終わりということでは決してありません。本人に「人生の地図」に目覚めてもらわなければ本当の意味の解決にはならないのです。結局のところ、霊的真理をしっかりとたましいに刻んでおけば、二度とそのような重い憑依をくり返さずにすむのですから。

一番大切なのは「人生の地図」である霊的真理を知ることとです。一人ひとりが霊的真理を得ることができれば、霊能力者など不要となるのです。この仕事に従事している私が言うのもおかしいかもしれませんが、そういう意味で私の目標は「霊能力者撲滅」なのです。

人生は有限です。世の中で悩みを抱え苦しんでいる一人ひとりに私が語りかけ、浄霊することなど、とうてい無理です。私の心は、一対一のカウンセリングから、しだいに、有限なる時間を超えて多数の人たちに話しかけることのできる道に向かうようになりました。それが、書籍です。

三、マスメディアへの登場

私の「十年計画」

この道に歩み出してから、私はいつも、「人生の地図」を多くの人々に正しく手渡すために、書籍の出版を希望してきました。

しかしどの出版社にお願いしても、当時無名の私に快く出版を引き受けてくれる出版社は一つもありませんでした。

そのジレンマの中で、作家の佐藤愛子先生は私の願いを理解し、いつも応援してくださいました。後に『あの世の話』（文藝春秋・文春文庫）という本にまとまった、女性週刊誌での佐藤先生との対談記事も、先生のご紹介によるものでした。

しかしなかなか、一冊のまとまった本を私に書かせてくださる出版社はなかったのです。悩んだ挙句、肚《はら》をくくりました。マスメディアへ登場することを決めたのです。

人は私に対し、単純な疑問を持つようです。「霊能力を持っているのに、あなたの望みをどうやって叶《かな》えたらいいのか、霊界は教えてくれないの？」と。守護霊は決してそのようなことはしません。また、高い霊であればあるほど、「あせい、こうせい」と口出ししては来ないものです。本を出版したいという私の夢に対してもそうでした。霊界側は「正しいと思うならやりなさい。間違いがあれば改めなさい」というメッセージをくれただけです。

また私自身、安易に霊界に尋ねたりはしません。お願いすることはいつも同じ。「もし私に間違いがあるならば、私の進む道を阻《はば》んでください」ということだけです。うまく行かない時には、それなりの意味があるとわかっているからです。また、いずれうまく行くことも、まだ進むべき時期でなければ進めないものです。自分自身の努力が足りない場合は別として、私はうまく行かないことを決してゴリ押ししたりしません。うまく行かないこと自体が、今の自分に対する答えと受けとめます。

高い霊は私たちの「自由意志」と、行いの「目的」と「動機」を常に尊重します。

私は私なりに、本を出版することは、人々を霊的真理に導くきっかけになるだろうと思い、そのためには発言権をまず持たねばと、マスメディアを通じて世の中に打って出る決心を固めたのでした。

私は、十年をひとくぎりとして計画を立てました。

そして今、その計画はほぼ達成いたしました。土台づくりがようやく終わったのです。

雑誌デビューと初めての出版

まず、私は出版社のあてもないまま、第一作目の原稿を書き始めました。そして、雑誌などの取材の依頼が来ればぜひ受けようと決心して、待っていました。

先にも述べたように、当時、無名だった私には、書籍はもちろん雑誌の世界でも、世の中に対して発言する機会はひとつもありませんでした。また、裸一貫で始めた私には、およそ自費出版できるような財力すらありませんでした。

世間では、マスメディアに出る霊能力者などは、金儲《かねもう》けのための売名行為に走っているのだと蔑《さげす》む傾向があります。確かにそう言われても仕方のない人もいます。なぜなら伝えたいことが明確に伝わってこないからです。単なる力自慢のようにも映ります。そして客寄せのためとも。

私の場合、正直に言えば、きっかけは確かに売名行為だったかもしれません。しかしその目的は、世の中への発言権を得ることと、書籍の出版を実現させたいがため。

それのみです。とはいえ、私を批判の目で見る人は少なくありませんでした。

しかし好んで批判にさらされたいと思う人などいるでしょうか。ましてや私は妻も子どももいる身です。特に子どもに対しては、くだらぬ差別の的とならないかと、親としていつも心配しています。

しかしそれでも一旦《いったん》こうと決めたなら、信念を貫かなければならないと思いました。

たとえその結果が大河に一滴の水を注ぐことにしかならなかったとしても、この信念を貫く姿勢こそが、親として子どもに残してやれる唯一《ゆいいつ》の財産だろう。そう思い、決心したのです。

その決心からまもなく、霊界からの導きと思われる動きがありました。突然に雑誌の取材依頼が舞い込み、それが日を追うごとに増えていったのです。女性誌『ａｎａｎ』では、レギュラーとして登場できるようになりました。

まだまだ認知度は低いものでしたが、単行本についてもようやく、小規模ながら地道に営んでいる出版社が応じてくれました。第一作目『自分のための「霊学」のすすめ』（現『人はなぜ生まれいかに生きるのか』）を出版してくださったハート出版です。

原稿を書き上げてから、すでに三年の歳月が経《た》っていました。

その後マガジンハウスから『心霊バイブル』も出版いたしました。

しかしどちらもほとんど売れず、後者は出版からたった一年で絶版となってしまいました。世の中になかなか受け容《い》れられないという現実に、私は途方に暮れました。

一冊目から得た教訓

当時、スピリチュアリズムという言葉は一部の精神世界信奉者の間でしか認知されていませんでした。「聞いたことのない言葉」、「内容もなんか難しそう」とよく言われたものでした。

私にしてみれば、こんなにもシンプルな法則であるのに、なぜ人は理解してくれようとしないのか、不思議でなりませんでした。

その時、ある人から助言を受けたのです。「あなたにとっては当たり前のことかもしれないが、世間の人がいきなり理解するには難しい世界です。身近な具体例を挙げながら、ゆっくりと味わわせてあげないとだめですよ」

私はハッとさせられました。

私は私なりの目線で世の人々に「人生の地図」のすばらしさを伝えていたつもりでした。しかしそれはただ正義をふりかざし、ゴリ押しする行為にも等しかったのです。この方の助言のおかげで、私はみずからの傲慢《ごうまん》さに気づかせていただけたのでした。

その時から私は心を切り替えました。決して傲慢な意味ではなく、人々の「たましいの知識」の段階に応じて語ってゆこうと決意したのです。

改めて私は肚をくくりました。霊的真理を「米」とするならば、生まれたての、たましいの幼子には、「おもゆ」、「おかゆ」を差し出してゆこうと考えたのです。

たとえおもゆやおかゆであっても、元は同じ米ですから、真理の滋養はそこにしっかり含まれています。ですから一人ひとり、まずはおもゆから始め、後は各自の成長の度合いに合わせて徐々に米を食べられるようにしてゆけばいいのです。

ただし「おもゆ」で「米」のすべてを語ることは無理なので、用語を使い分けることにしました。

「米」を語るときは「スピリチュアリズム」。

「おもゆ」を語るときは「スピリチュアル」としたのです。

スピリチュアリズム信奉者には、どういうわけか、とかく権威主義に陥る人々が多いようです。スピリチュアリズムとは高尚な学問であるとばかりに、ただ難しく語ればいいというような意味のないドグマに陥っている観があります。

確かにスピリチュアリズムは叡智《えいち》です。だからといって権威主義に陥るのは大きな勘違いです。なにも「わかる者にだけわかればよい」と、敢《あ》えて難しい言葉を並べ立てる必要はないのです。

難解な文章を読むことより、内容を正しく理解し、たましいに浸透させることのほうがよほど大切です。スピリチュアリズムで大切なのは「実践」です。いくら整然と理論を語れても霊的真理を実践して生きていなければ何の意味もありません。その証拠にスピリチュアリズムの元となる霊交記録には、スピリチュアリズムを難解な「学識」にするべきなどという言葉は一言もありません。むしろ霊的真理とはシンプルで、信じようが信じまいが、誰の上にも流れる「摂理」であると言っています。

そこで私は、権威主義のスピリチュアリストたちが、むしろ低俗という感覚で見るようなことに敢えて挑むことにしました。霊的真理はこの世に生きるすべての人々の、日常生活の隅々に浸透しています。ですから「恋愛」、「子育て」など人事百般すべてに対して、具体的にスピリチュアリズムからの指針を与えていこうと決めたのです。わかりやすい言葉、わかりやすい事例で、誰にでも親しみやすいかたちで伝えていくことを当面のモットーにしたのです。

この気づきのおかげでずいぶんと私も気が楽になりました。マスメディアにどのようなテーマでコメントを求められても、霊的真理の「米」を「おもゆ」に調合することによって答えていけばいいのだと悟ることができたからです。

これは当然と言えば当然のことです。人々の日常すべてのシチュエーションをスピリチュアリズムの視点で見られなければ、スピリチュアリズムの実践などできるはずもありません。知識だけの学問はまったく不要と言っていいでしょう。

私はさっそく雑誌でもこの姿勢を打ち出し始めました。するとどうでしょう。私のコメントに共感してくださる方々が日増しに増えていったのです。

テレビ出演への迷い

雑誌での活動が盛んになってくると、テレビ出演の依頼も舞い込み始めました。

雑誌では基本的に、スピリチュアルな視点から人生相談に答えたり、対談をするのが主流ですが、テレビでは霊能力者としての一面を要請されることが多々あります。心霊ものの特集番組の制作者の中には心霊の世界を「色物」として扱いたがる人もたくさんいるため、つねに注意が必要です。

出演にはずいぶんと悩みましたが、これにも挑むことにしました。

その理由は、まず一つには、それまでにテレビに出ていた霊能力者にあまりにもキワモノが多かったからです。

霊の世界を本当に理解しているのなら、何も視聴者を怖がらせる必要はないはずです。だのに大げさに騒ぎたて、霊の世界をあまりにも不気味に演出し、霊を悪意的に扱っています。

霊は何も怖れるべき存在ではありません。私たちの死後生の姿であり、私たちそのものです。私たちとの違いは、ただ単に肉体を持っているか否《いな》かだけ。かつては霊たちも、今の私たちと同じように、この現世に生きていて様々な営みをしていたのです。

さまよえる霊は確かにいます。しかしそれは、死後の世界はないと思い込んで、現在も自分は生きていると勘ちがいしていたり、また、心残りな事柄があるために霊界に行けずにさまよっている気の毒な方々です。

この現世に生きる人間だって、他人に危害をもたらす悪人ばかりではありません。もしそうなら、おちおち外も歩けなくなってしまいます。それと同じように、霊たちも以前はこの現世にいた人間ですから、すべての霊が人間に害を与える存在ではないのです。もしすべての霊が悪霊《あくりょう》ならば、肉体を持つ霊である私たちも悪霊ということになってしまいます。

それに、生きている私たちの誰であっても、この世に未練を残して死ぬようなことがあれば、さまよえる霊となる可能性はあるのです。

霊について正しく理解している霊能力者なら、死後の霊に対して居丈高な態度をとるはずはありません。なぜ、テレビに出ている霊能力者たちはあのようなぞんざいな態度をとるのでしょうか。私は心霊番組を見ていつも腹立たしく思っています。「おまえ」呼ばわりしたり、命令口調で叫んだり。彼らは生きている人に対しても同じように接しているのでしょうか。

霊と言っても、ついこの間まではこの現世に生きていた人間です。いくら霊界に行けずにさまよっているにせよ失礼だとは思いませんか。もしも私がその霊だったら、霊能力者の無礼さを逆に叱《しか》りつけることでしょう。また、ののしられる霊が自分の身内だったらどうでしょう。悲しさでやりきれなくなるはずです。生きている人間の「人格」が大切であるように、霊たちの「人格」も尊重するべきです。よほどわからずやの霊は別として、すべての霊にそのような失礼な態度をとる霊能力者は、霊というものを正しく理解していないニセ霊能力者と断言して構いません。

霊能力者たちのそうしたあり方や番組の作り方が、霊の世界、死後の世界を不気味なものにさせるのです。

番組制作者とのくい違い

私は、自分がテレビに出るときは、彼らのようにではなく、なぜ死んだ人がこのようにさまよってしまっているのかを解明し、視聴者の感性に正しく伝えていこうと心に決めました。また、それを自分の使命のように感じました。

そこで既存の「霊能力者」のイメージをすべてくつがえすことにしました。いかにもと思われる衣装は着ない。むしろ明るいファッションを心がけること。いつもニコニコと笑っていること。

そして、霊たちの持つ人間的な心情を視聴者に伝えるようにしました。

しかし、テレビは演出が大好きです。スタジオにはロウソクや柳の木が必ずといっていいほど用意され、テロップはいつも血が滴《したた》り落ちるような「垂れ文字」です。

私は自分が出演する番組の制作者といつも闘っています。「そんなもの要らない！」と。その意図を、スタッフの方々も回を重ねるごとに真剣に理解してくださるようになっています。まず柳の木を外してくださり、ロウソクもやめてくれました。

残すところは「垂れ文字」と、「再現ビデオ」のおどろおどろしい演出です。それもやめてほしいと、今でもお願いしています。しかし制作スタッフの方々は、それがないと高い視聴率が取れないというのです。

そうであるとするなら、世間の人々の悪趣味にも問題があるということでしょうか。いずれ自分自身もあの世へ帰る身であるのに……。

その他にも、テレビ出演には気苦労が絶えません。オンエア直前まで制作者の意図にふりまわされ、何度不愉快な思いをしたかわかりません。その経験から、今ではなるべく信頼できる人格の制作者の番組だけに出演するようにしています。

テレビ番組では、ゴールデンタイムの番組ばかりが優れていると思われることが多いようですが、私は決してそうは思いません。私がよく出演するフジテレビ系列「こたえてちょーだい！」などは、制作時間が足りないため大雑把な一面はありますが、ヤラセなど一つもありませんし、制作者はとても好意的で、取り上げる心霊現象を可能な限り正しく解明した上で放送しようとしてくれます。ゴールデンタイムに放送してもちっとも恥ずかしくないと思うこともあります。

心霊番組以外では、北海道文化放送の「のりゆきのトークDE北海道」があります。この番組では、視聴者の中から選ばれた相談者とスタジオにて直接、または電話、FAXなどで、生放送中に実際にスピリチュアル・カウンセリングをします。時間の問題で不十分なこともありますが、生放送という難しい条件の中で、制作者も出演者のみなさんもとても協力的で、いつも頭の下がる思いです。

それでも、この番組のようにスピリチュアル・カウンセリングが中心の番組は別として、今後は少しずつテレビの仕事から離れて行こうと考えています。これまでの出演で、私の意図を正しく汲《く》んでくださった方が少しでもいたならば、もう十分であると考えています。

それほどテレビは難しい仕事です。正しいことがなかなか貫けない世界だと学びました。

四、私の「真意」と今後

最後のチャンス

私がマスコミの世界にひんぱんに顔を出し始めてしばらく経《た》った時、公私ともにとてもよくしてくださっている中森じゅあん先生が、本を出版しないかと、出版社の人を紹介してくださいました。「文庫だから気楽でしょ！」と、先生はいつもながら朗らかに、私に出版への道を開いてくださいました。

とてもうれしいお話でした。

と同時に「最後のチャンスだ！」と思いました。

なぜなら一作目はほとんど売れませんでしたし、二作目は一年で絶版。売れないというレッテルを貼《は》られた作家には、資本主義社会の道理として、出版の依頼が来なくなるのは当然のことですから。

私は最後のチャンスに賭《か》けようと思いました。今度は前回の思い違いを正して、誰にでもわかる「おもゆ」に仕立てることにしました。具体的なシチュエーションを交えながら霊的真理を理解してもらうことを心がけることにしたのです。

ありがたいことに、担当編集者の女性たちはみなとても熱心な方たちでした。私の語る霊的真理を理解しながら本を作っていこうと、自分の休日を使って、一年間私の「スピリチュアル講座」に参加までしてくださいました。

彼女たちとは、とてもいいエネルギーで共鳴し合えました。きっとよい本を作ることができると確信しました。

年末年始の休みを返上して、寒い事務所で一人毛布を身にまとい、原稿を書き上げた時のことは今でも忘れられません。

とても楽しかった。そして嬉《うれ》しかった。

なぜならば私がそれまでにスピリチュアル・カウンセリングをしてきた多くの人々の顔を思い浮かべながら書いたからです。

『幸運を引きよせるスピリチュアル・ブック』(三笠書房・王様文庫)。この本の中にはたくさんの相談者たちがちりばめられています。その一人ひとりに答えていった時を思い出しては文字にしていきました。ちょうどスピリチュアリズム研究所開設十周年を過ぎてのことでしたので、この本はスピリチュアル・カウンセリング十年の軌跡でもありました。

この内容ならば誰でも霊的真理の大切さが理解できる。私はそう確信しました。

おかげさまでこの本は大変良く売れました。重版も五十回を超え、発売から三年近く経つ今でも売れ続けています。昨年には、愛読者のために愛蔵版までが出版されました。文庫から始まった書籍が豪華本になるのは異例のことだそうです。私の信念が少し報われた思いがしました。

しかしベストセラーになれば、多くの批判も受けます。「当たり前な内容」、「常識的でちっともスピリチュアルじゃない！」。わかってくださらない人も多いのです。

たしかに「当たり前で常識的」な内容かもしれません。しかし現世で言う「常識」とは、何なのでしょう。当たり前のことや常識的なことがもはやよくわからなくなってしまって、何を信じたらよいのか迷っているのが、今の時代なのではないでしょうか。

たとえば「人に意地悪をしてはいけない」という「常識」があります。

では、なぜ意地悪をしてはいけないのでしょう。

「人が悲しい思いをするから」でしょうか。

ではなぜ人に悲しい思いをさせてはいけないのでしょうか？

このようにどんどん問い詰められていって、最後まで答えられる人は少ないのではないでしょうか。結局のところ、「常識」を言葉だけ鵜呑《うの》みにしているからです。

私はこの本によって、人々がもはや定義を失ってしまった「常識」に対して霊的真理による裏づけをしたいと思いました。

今現に苦難の渦中にある人は、聞こえのよいきれいな言葉を並べただけの本よりも、「人生にはなぜ苦しみがあるのか」、「それを乗り越えたときに何がわかるのか」という問いに対する真実の答えを模索しています。

自殺者が後を絶たない今の時代こそ、真実を語らなければいけない時代なのだと私は強く思うのです。

もっと「真髄」を語りたい

『幸運を引きよせるスピリチュアル・ブック』がベストセラーになったことをきっかけに、出版の依頼も増えました。時には、お断りさせていただくこともあるほどです。

ただ残念なのは、依頼のほとんどが、いまだに「おかゆ」を希望していることです。

もちろん「おかゆ」の本もある程度は必要ですから、これからも私は書いていきたいと思います。これまでに出版した「おかゆ」のなかでは、特に『江原啓之のスピリチュアル子育て』（三笠書房・王様文庫）などは、育児に悩む親御さんたちにとても支持されている本です。私のモットーは「ゆりかごから墓場まで」ではなく、「ゆりかごからあの世まで」。最終的には全部あわせて百科事典になるくらい、人生のさまざまなシチュエーションに霊的真理の光を当ててゆきたいと願っています。

しかし、これからは、そろそろ「米」、つまり霊的真理の本質をもっと語っていきたいと思うようになってきました。十年ほど前と比べ、一般の読者にも、高い次元の言葉を望む方が増えていると思います。その証拠に、発売当初は売れなかった私の一作目の新装版『人はなぜ生まれいかに生きるのか』が今になってとても売れてきているのです。「江原さんの本でこれが一番好き」と言ってくださる方も結構いらっしゃいます。

私のこの確信を強める出来事がありました。やはり導きとしか思えない不思議なご縁によるものです。

ある時、ひょんなきっかけで、一人の男性編集者と出会いました。彼は会ったその日に「ぜひうちで本を出版してください」と言ってくれました。

しかしその後、忙しさのうちに時間ばかりが過ぎていきました。

一年ほど後、自分が希望するような「米」を語れる書籍の出版の機会がなく悶々《もんもん》としていた私は、その編集者の顔を突然思い出しました。「そうだ、あの人にお願いしてみよう！」と思ったのです。

その直後、私はある劇団の公演を見に出かけました。

そうしたらなんと！　彼が目の前の席にいるではありませんか！

私は思わず唐突に彼に聞きました。「あの、今出したい本があるんですが、出してくれます？」と。

すると彼は、本の内容もまだ聞いていないのに「いいよ。出そう！」と言うのです。

今考えても、あまりにもおかしい、不思議な出来事でした。そうして生まれたのが『スピリチュアルメッセージ　生きることの真理』（飛鳥新社）です。

これは、私の指導霊の昌清之命《まさきよのみこと》から受け取る霊界通信をそのまま本にしたものです。「米」のままなのです。

今までなら、このような書籍はおよそマニアックな精神世界信奉者にのみ読まれる、マイナーな本とされ、一般の人の目にはほとんどふれることはなかったでしょう。また「米」そのままなので、人によっては少々消化不良を起こす内容でもあり、誤解、曲解を招く恐れもあります。決して売れるとは思えない本を出してくださったこの出版社に、私は申し訳ない思いでいました。

しかし結果は意外なものでした。「おかゆ」ほどの売れ行きではありませんが、それでも予想をはるかに上回る売れ行きとなったのです。そしてこの本の熱い支持者も多数現れ、出版社に続編の希望がたくさん寄せられたのです。

その声に応《こた》えて、第二弾『スピリチュアルメッセージⅡ　死することの真理』が出版されました。

私はとても嬉しく思いました。これをきっかけとして、「米」のままの「霊的真理」についても、もっと伝えていけると確信できたのですから。

私は今後も、力尽きるまで「おかゆ」と「米」の両道を書き続けて人々に真理を伝えてゆきたいと願っています。「人生の地図」を多くの人に確実に手渡すためには、書籍の出版が一番の道と思っているからです。

私の十年前からの計画は実りました。これからは、次の十年の目標に向かって歩みます。もうその計画は出来ているのです。

講演と公演

書籍の立て続けの出版と並行して、私のもう一つの夢が実現しました。それは「講演会」をすることです。

声をともなう言葉には、実感という力がともないます。生身の私が放つ言霊《ことだま》により、著書の内容をより深く理解していただく場を多くの読者に提供したいのです。そして、まだ本を読んでいない人をも、言霊の力で霊的真理の探求へと誘いたいのです。

先述の「スピリチュアル講座」の参加者は、既に私の本などを読んでいて、より深く学びたいと願う人々です。ですから私はより広く、今までスピリチュアリズムなどなじみがなかった方々にも、一つのきっかけとなる場を提供していきたいと願っていました。それが講演会です。

講演会では主に二部制をとることにしました。

第一部は、スピリチュアリズムを初心者の方でも楽しく理解できるようにお話しする場です。

そして第二部では、公開スピリチュアル・カウンセリングを行います。その日の会場にいる希望者の中から抽選で数名の方が選ばれ、舞台上でカウンセリングを行うというものです。相談内容は舞台に上がった人の個人的なことですが、それを聞く方たちも他人事《ひとごと》としてでなく、みな同じ思いを共有し合って深い感動を得ています。

この講演会も、ありがたいことに大きな会場を埋めつくすほどの盛況ぶりです。大阪や東京・銀座の大ホールで行った時は、千五百もの席が満席となり、補助席まで使われました。十五年前の私から見たら信じられないことです。

私は自分の本の中で、「自分の理想を実現させるためには、十年先の自分をありありと思い描きなさい」と勧めています。これは自分自身の体験による実感からです。正しき動機と目的を持ち、日々たゆまぬ努力を重ねていれば、必ず霊界は導いてくださることを、私自身の人生が証明しています。

今では講演会もどんどん裾野《すその》が広がっています。さまざまな土地、さまざまなテーマでの講演依頼もいただけるようになりました。今後は日本国中の町を訪ね、「人生の地図」を一人ひとりに手渡していきたいと願っています。

私が「歌う」理由

また今年から、講演ではなく「公演」と銘打つイベントも始めました。これは今までの講演会にプラス「癒《いや》し」の要素を加え、三部制で行うものです。

最後の第三部で何をするかというと、私が歌を歌わせていただきます。いらしてくださった方々の「癒し」と「内観」の時間を、ほんのわずかでも提供してさしあげたいからです。

この「歌」も私の十年計画の中にあったものです。そのために私は三十代半ばで音楽大学を受験し、本格的に声楽を学びました。また最近は、公演でのほか、時々ですが老人ホームへ行って、ボランティアで歌のコンサートをするようにもなりました。

歌の歌詞にある言霊と、メロディーという音霊は、人の感性を豊かにします。人が芸術などの美しいものに感動するのは、そこに神の美を見るからです。美にふれると人は、自分が霊的存在であるということをたましいのレベルで思い出し、霊的世界の美しさを懐《なつ》かしむのです。

そのような美に感動する「感性」を、私たちは今のような時代だからこそ呼び戻さなければなりません。

今はまさに「自然霊」の時代です。今の現世でもっとも考えなければならない問題は、人霊、すなわち人間のたましいの「自然霊化」です。

最近のニュースや新聞を見ていると、あまりにも殺伐《さつばつ》とした事件ばかりで暗澹《あんたん》たる気持ちになってしまいます。殺人事件ひとつとっても、ひと昔前のそれとはまったく様相が異なっているのを感じます。憎しみ極まって、やむにやまれず殺してしまったというのがひと昔前。事情をよく知れば知るほど、犯人にも同情の余地はあったものでした。ところが今は、「むしゃくしゃしていたから殺した」、「誰でもよかった」、「殺人というものを経験してみたかった」といった調子です。

これには霊的な背景が大きく影響しているのです。それは人類が「人霊」としての感性を失いつつあり、「自然霊」に近くなっている、ということです。

「自然霊」とは、この世に姿を持ったことのない霊のことです。いわゆる稲荷《いなり》（狐《きつね》）、天狗《てんぐ》、龍神《りゅうじん》、狸《たぬき》と言われる霊は、この自然霊です。狐や狸といっても、動物の霊ではありません。そのような性質を持つエネルギー体、あるいはそのような姿をとって人間の前に現れるエネルギー体と考えていただくといいでしょう。樹木に宿る霊や、花などに宿る妖精《ようせい》も自然霊です。

自然霊には、天候などの自然現象を司《つかさど》る働きがあります。自然霊界は、霊界の意志にもとづいて、雨を降らせたり、火山を噴火させたりしているのです。太古の昔から人霊は、その自然霊と調和し、畏敬《いけい》の念と、生かされているという感謝を抱きながらともに生きてきました。

その自然霊にも、高級なものから低級なものまで、さまざまな段階があります。私たちが「神」と呼ぶ愛のエネルギーは、この世に姿を持ったことのない自然霊の中でも最高級、超高級の自然霊です。

片や、昔から「狐憑《つ》き」と呼ばれていたような、人霊に憑依《ひょうい》して困らせる現象を起こしていた狐霊《これい》などは、低級な自然霊です。そして今の日本、いや世界じゅうに低級な自然霊が増えているのです。

なぜ、低級自然霊が増えているのでしょうか。それは私たち人霊が、長い歴史の中で人霊にさまざまな恩恵をもたらしていた自然霊界に対する感謝の心を忘れてしまったからです。それどころか粗末にするようになってしまい、そのために高級自然霊はこの世から離れて行き、未浄化な低級自然霊ばかりが残ってしまったのです。人は、未浄化な人霊の憑依を受けることがあります。しかしそれは、たましいの未浄化な部分が、その人間の心の波長に引き寄せられるからです。ところが、感動や感性に乏しい人の心は、低級な自然霊とも感応してしまいます。この世に蔓延《まんえん》しだした低級自然霊は、無機質な波長を持つ人霊にどんどん憑依してしまうのです。人間らしい感性を失い、低級な自然霊と感応する、これが人霊の「自然霊化」です。厳密に言うと「自然霊化」とは、「低級自然霊化」ということです。

今こそ人霊としての感性を

日本で、世界で、人霊の「自然霊化」は、相当なスピードで進行しています。「自然霊化」した人間は、人霊らしさを失って、代わりに自然霊の性質を表すようになります。

人霊と自然霊の大きな違いは、情があるかないかです。自然霊は情がありません。なぜかというと、自然霊は「分霊」といって、分裂することによって増えていきます。これに対して人霊は、母親がお腹《なか》を痛めて子供を産み、肉の家族を持つのです。このことにより、人霊は、親子という関係を通して、あたたかさや情愛、葛藤《かっとう》などを学びます。それだけ親子とは、人霊にとって大切なもの。最大の学びのテーマです。

しかし、自然霊にはそれがないため、人間のような情愛といったものがありません。白か黒か、二つに一つしかないのです。「お稲荷さんに願いを叶《かな》えてもらったら、きちんとお礼参りをしないと痛い目に遭う」と昔から言われてきたのは、自然霊のこうした性質ゆえです。「気の毒だから仕方がない、何とかしてあげよう」などという情は通じません。低級な稲荷霊には、「まつったら助ける」、「礼をしなければ祟《たた》る」というと両極端のこわさがあるのです。

今の人霊は、この自然霊の性質を帯びてきてはいないでしょうか。まず幼児虐待《ぎゃくたい》などの親子にまつわる悲惨な事件がその表れです。戦争もそうです。やられたからやり返す。人命に対してさえあまりにデジタルになっています。

少年たちによるホームレス殺人事件もまさに象徴的です。汚いからと、虫けらのように殺す。その人が歩んできた人生、愛し愛されてきた人たち、奥底にある人生観など、存在するとさえ思っていないでしょう。もっとも、少年たちが育った社会そのものが白黒の価値観に支配されているのは否《いな》めない事実です。おまえはいい。おまえはだめ。能力や点数で子どもの価値を決める物質主義的社会の中で、ランクづけされ、時には切り捨てられながら育ってきたことの影響は確かに大きいと思います。

世間で問題を起こしている新興宗教集団も、まさに自然霊による憑依の産物が大半です。宗教観のようなものを語っていますが、その内容は物質主義に終始しています。本来宗教は高級霊界を表現しているべきものなのに、彼らの住まい、服装、行い、言葉には、まったく神聖さが感じられません。教団のために親子の縁を平気で断ち切らせるのも、自然霊の性質の表れです。信仰のためなら親から盗んででも金を持ってこさせるなど、低級自然霊だからこそできることです。

増加している自殺者の心理にも「自然霊化」の影響が見えます。自分の人生をリセットするという考えは、だめだったら死ぬという、白か黒の自然霊的発想です。

この事態に対し、私たちがすべきことは、今すぐにでも人霊としての「感性」を取り戻すことです。特に、人霊にしかない親子の絆《きずな》を見直すことです。人霊は今、動物以下になってしまっています。動物だってわが子は守ります。

私たちが人霊としての「誇り」と「自覚」と「感性」を取り戻すことは本当に急務です。私が歌を歌い、人々の感性に訴えかけるのもそのためです。自分からこんなことを申し上げるのはうぬぼれのようですが、少しでも私の声がその手助けになればと切に願っているからです。それだけ状況が切羽詰まっているともいえるのです。

批判の声、支援の声

私の世間での認知度が上がるにつれ、批判を受けることも多くなりました。

私はつねに「理解」と「無智《むち》（知識がないということではなく、叡智《えいち》がないという意味）」のはざまに立っています。誰もが未熟なこの現世において、それはしかたのないことだと思います。現世の人はみな、目に見えることでしか他人を判断しません。その人の「真意」までは見えないのです。

そのような方々に私が言いたいことは、ただひとつ、人をおとしめるような悪感情というものは自分の心に内在する感情の映し出しであるということです。

たとえば表向き華やかに活動をしている人に対して、その真意や苦労を知ろうともせず、ただ現象だけ見て「金儲《かねもう》け主義」ととらえる人がいます。それは、それを邪推するご自身の心に「自分もうまく金儲けがしたい」といった感情が内在していることの表れなのです。そうした感情を持ち合わせていない人は、最初から他人を否定的に見たりはしません。このことに気づいていただけたらと願うばかりです。

人を頭ごなしに批判する人は常に心のなかに不満を持っている不幸な人です。現状にほぼ満足している幸せな人は人をむやみに批判しません。問題を感じたときは、愛念をもって「それはいかがなものか」と、その人に助言するはずです。

偏見でもって人をいたずらに裁く人は、自分自身に、世の中の何かから裁かれて傷ついた経験があるのでしょう。人は誰しもやさしい存在でいたいはずです。しかしそういう存在でいられないのは心の中で何かが不満で、不幸だからです。

霊的真理を理解すると自称する方たちからの批判もあります。

そのような方々に申し上げたいことはただ一つです。

「ではどうか正しい活動のあり方の見本をお示しください」

批判をする方はその分、正しい実践を示すべきです。行動がともなわない言葉にはたましいは宿りません。

これは嫌味で言おうとしていることでは決してありません。

どうか実践をお示しください。

もし、その実践の結果、私が無用となれば、私は潔《いさぎよ》く引退いたします。

私は、スピリチュアルな人生に目覚めて以来、未熟ながらも、愚かながらも、ただひたすらに霊的真理を世の人々に伝えていかなければならないという一心で、試行錯誤を繰り返しながら、なんとかここまでたどりついたのです。私がスピリチュアリズムの実践のための模範とした先達は、この日本には一人も存在しませんでした。

第三章に書いたことですが、私が模範としたのは先述のイギリスの大霊能力者ドリス・コリンズ女史です。彼女が私に語った、「あなたは日本で私と同じように真理を人に伝えていきなさい。それがあなたの役目」という助言を受けとめて、私はここまでやってきました。彼女もステージや出版中心の目立つ活動をしている分、やはり様々な批判をたびたび受けてきたようです。

私がこの十五年でなんとか成し遂げたのは、世の中に「スピリチュアル」という考え方の土台を作ることでした。そこまではなんとかたどり着けたと確信しています。

しかしこの私も、今をただ生きる一人の人間に過ぎません。今後、後進にバトンを譲り渡す時も来るでしょう。またそういう人が出てきてほしいとも実は願っているのです。

私自身、霊的真理の神殿の石垣を築く一つの石でしかありません。今後大勢の「石」が出てきて、この世で活躍してほしいと願っているのです。ですからどうか、私を批判される方は、それだけではなく、正しい実践を示してください。今、人々にスピリチュアルな人生に目覚めていただくことが急務と思われる時代だけに、真剣にそう願っているのです。

もちろん向けられるのは批判ばかりではありません。霊的真理を伝える多くの先生方からご支援のお言葉をたまわることもあります。それは明日への「励み」になり、また私の心の「癒《いや》し」にもなります。そして自分自身の心をあらためて引き締めることができるのです。

私は、今後しばらくはマスメディアの活動をしますが、近い将来、もうその役目を終える時が来ることはわかっています。その後も残すべき大切な仕事は、書籍の執筆と、講座および講演と公演活動です。

いずれその必要もなくなったと思った時には、またカウンセリングに従事する静かな日々に戻りたいと思っています。

私は私のこれまでの人生の中で霊的真理に目覚めることができました。それによって私のたましいは救われました。私は人生に輝きを得ました。暗闇《くらやみ》のたましいが光のたましいへと変わったのです。

私の願いは、ただ霊的真理を伝えていきたいということだけ。人が本当の幸せを得るために必要な「人生の地図」を広めていきたいというだけです。

私の行動、活動の基準は、この真意をおいてほかに何もありません。

私はただそれのみに生きる小さな存在であるのです。冒頭で、敢《あ》えて「私は、決して特別な人間ではありません」と申し上げたのも、私自身が「小さな存在」であることを知りつくしているからです。私は霊能力を有する者ではありますが、現世利益《りやく》をかなえる魔法使いでは決してありませんし、ましてや、「心の乱世」とも言うべき今の世の中をいきなり変えられる救世主でもありません。変えられるのは、みなさん一人ひとりです。一人ひとりがスピリチュアルな人生に目覚めることなのです。

最後にもう一度私の願いを記します。

どうかみなさん、本当の幸せを得るため、心のうちに「人生の地図」をお持ちください。

第二章 「人生の地図」を持つための八つの法則

「人生の地図」とは

この世を生きる上で、スピリチュアルな世界、つまり霊的世界について知ることは大変重要です。この世が存在する意味、私たちが生きる意味は、霊的世界の存在が前提になければ、とうてい解き明かせないからです。

霊的世界の存在を知ると、この世の人生が旅のようなものであることも理解できます。私たちのたましいは霊的世界というふるさとから来て、やがてまた霊的世界へと戻っていくのです。

霊界からのメッセージによると、たましいの尺度で見れば、人生の時間などほんの短い間だと言います。その限られた時間をできるだけ有意義なものとするには、この世という旅先がどういうところなのかをよく知らなければなりません。

現世での旅にたとえてみましょう。あなたが北海道へ旅行するとします。あれも見たい、これも体験したいと夢はふくらみます。しかし日程は限られている。そこであなたは、まず大前提として旅先の地理を熟知しておく必要があります。北海道とはどんな土地柄なのか。気候の特徴はどうなのか。どんな交通手段があるのか。それを知って初めて、旅のしかたが見えてくるわけです。

何も調べずに現地へ行くとどうなるでしょう。「初夏の北海道がこんなに涼しいなんて。半袖《はんそで》しか持ってきていないのですが、どうしたらいいでしょう」、「車の免許を持っていないんですが、どうしたら隣町へ行けますか。電車がもっとあると思っていたんですが」といったような、滑稽《こっけい》な質問が続出することになってしまいます。

このような行き当たりばったりの旅や、誰かに頼ってぞろぞろとついていくだけの旅ならともかく、自分の意志で、自分のしたい旅をするには、「地図」を持つことは欠かせない心得ではないかと思います。

人生の旅も同じこと。表面的な記憶にこそないけれど、私たちは霊界を離れてこの世に生まれて来た時、できるだけ多くの見聞と体験をしたいと意気込んでいたのです。その目的を有限な時間の中で果たすためには、必ず「人生の地図」を持たねばなりません。地図がないと、人生のさまざまな状況にぶち当たるたびに、ただおろおろと取り乱し、それだけで貴重な時間を無駄にすることになってしまいます。

この世がどのようなところか。そこへ人は何のために生まれて来るのか。そしていかにして生きていくべきなのかを、「人生の地図」は示すものなのです。

スピリチュアルな人生に目覚めるために欠かせないのが「人生の地図」です。「人生の地図」には法則があります。本章に記す八つの法則です。これらはいわば、霊的世界の法則がいかにしてこの世で働いているかを示したもの。そして、いつか迎える死の意味、死後に帰る霊的世界の実相、そしてこの世の私たちに絶え間なく注がれている霊的世界からの愛についても示しています。

霊的な世界は、この世から遠く離れたところに、私たちと無関係に存在しているわけではありません。私たちの日常の中に、霊的世界からの神秘に満ちた働きかけは、無数に見つけ出すことができるのです。「人生の地図」は、今ここに重なり合うようにして存在しているこの世と霊的世界との関係性を示したものとも言えます。

現実の私たちは、「人生の地図」を持たず、日々の些末《さまつ》な雑事に追われて、自分の人生に対する大局的な見方を失いがちではないでしょうか。目的地も現在位置も何もわからず、ただ目先のことにとらわれ、まわりをきょろきょろ気にしながら生きている人が多いのではないでしょうか。

ただ学校を出る。ただ何となく働く。年頃になったから結婚する。みんなが産むから子どもを産む。みんなが建てるから家を建てる。世間に聞こえのいい学校に、子どもを入学させる――。こうしてつねに目先の表面的なことにばかり懸命になっていると、どれかの段階でつまずいた時に、途端にレールから逸《そ》れたような気持ちになってしまうのです。あるいは、たとえ世間とうまく歩調を合わせ、つつがない人生を送れたとしても、老いてから「自分の人生は確かに平穏だったけど、それでいったい何の意味があったんだろうか」と悩むことになってしまうのです。

ぜひ今日からでも、心に「人生の地図」を持ちましょう。日常に起きるどんなに小さな出来事の意味も、人間の存在の根源にかかわる大きな疑問への答えも、この「人生の地図」の中に必ず見つけることができます。

「人生の地図」があれば、何事にも慌《あわ》てることはありません。壁にぶつかっても、つねに自分の立つ位置を俯瞰《ふかん》により確かめることで、どこをどう進めば光が見えてくるかを判断できるからです。時には引き返すこと、待つことも必要でしょう。路線変更が必要な時もあるでしょう。「人生の地図」が、交通ルールのように、その時どきの自分に的確な指針を与えてくれます。

その限りなく大きな安心の中で、私たちは自分自身のたましいの目的を果たしていくことができます。自分の夢やビジョンを「地図」の中にどう位置づけたらいいかがわかり、大胆に、のびのびと、現世に生きる旅の時間を充実させていくことができます。世間の価値観でも他人の価値観でもない、「人生の地図」にしたがって生きることは、とても自由で、とてもすばらしいことなのです。

「人生の地図」の八つの法則は、シンプルだけれども奥深い、厳しいようでいて限りない愛に満ちたものです。本章ではその一つひとつについて、改めて詳しく解説いたします。折にふれて、繰り返し読んでください。日々遭遇する具体的な出来事と照らし合わせながら読むことで、初めて身になっていくものだからです。

一度手にした「地図」はあなたのものです。「地図」とともに、スピリチュアルな人生をどうぞ歩んでください。

一、霊魂の法則

人間は霊的存在

人はみな霊的な存在である。

これが「霊魂の法則」です。八つの法則の大前提となるため、ぜひ最初に理解していただきたい法則です。

私たち人間は、単なる肉体だけの存在ではありません。死んでしまえばすべておしまいという空《むな》しい存在では決してないのです。私たちは肉体と霊魂が折り重なった状態でこの物質界を生きています。霊魂こそが私たちの本質であり、肉体は、この世を生きる間だけ借りている乗り物のようなものにすぎません。誕生とともに肉体に宿った私たちの霊魂は、死と同時にまた肉体を離れ、霊的存在として永遠に生き続けるのです。

この真実を知り、理解することは、人生を真に輝かせるために欠かせないことです。逆にこの真実を知らなかったり否定したりしていると、生きる意味さえあやふやなまま刹那《せつな》的な人生を送ってしまうことになるでしょう。人生の中で誰もが体験することになる三つの大きな苦しみから逃れることも困難になります。その三つとは、死に対する恐怖心、死別の悲しみ、そして人生を不幸と思うことです。

死を恐れる必要はない

人生の三つの苦しみの一つが、死に対する恐怖心です。

子どもの頃、「もし自分が死んでしまったらどうなるんだろう」と考えて、夜も眠れなくなった経験はありませんか。私は、四歳で父親に死なれた頃、死とは無になることなのかと思い、一週間も眠れなかったことがありました。

私のもとを訪れる相談者にも、死への恐怖を抱える末期癌《がん》の患者やＨＩＶ感染者が数多くいます。彼らは悲嘆に暮れ、今までの人生を悔やみ、なかには恐怖のあまり錯乱状態に陥っている人もいます。

そうかと思うと一方では、病気や悲しみ、貧困など、人生のすべての苦しみから逃れようと、みずから命を断とうとしている人もいます。

両者に共通しているのは、死によって自分自身が無に帰するという考えです。しかし、それは大きな間違いです。人間の本質は霊魂ですから、死んで無になることなど決してありません。

霊界の方々が語るところによると、あちらの世界（霊界）こそが本当の世界であって、私たちが生きるこの物質界は仮の世界。あちらが光なら、こちらは影なのだと言います。私たちが長いと思う人生も、永遠のたましいの尺度で見れば、あっという間のことなのだそうです。

ですから死を恐れる必要はありません。蟬《せみ》が抜け殻を離れて飛んでいくように、人間も死とともに肉体を脱ぎ捨て、霊界という慣れ親しんだふるさとへ帰るのですから。

たましいの旅は、そこからまた続いていくのです。

死は永遠の別れではない

二つめの苦しみは、死別の悲しみです。

愛する人を喪《うしな》うのは本当に悲しいものです。家族や友人など、身近にいるのを当たり前のように思っていた人が突然いなくなったときの喪失感、悲しみの深さは、実際に経験してみないとわからないことではないかと思います。

そうした悲しみを抱える人が、よく私のところにも相談に来ます。亡《な》くして何年もたつ家族を思って、ああすればよかったのでは、こうすればよかったのではと、いつまでも悔やむ人たち。大事な伴侶《はんりょ》を亡くして、この先どうやって生きたらよいのかと途方に暮れている人たち。思い詰めて、後追い自殺まで考える人もいます。

しかしこれも、死というものを無になることとし、肉体の死別を永遠の離別であるとする誤解からくる悲しみなのです。

会えなくなるのは確かに寂しいことです。今はこのようなことを書いている私自身、幼くして両親を亡くしたとき、どんなに寂しかったかわかりません。

でも、こう考えてみてください。親友や家族と遠く離れて暮らしたことはありませんか。愛する恋人との遠距離恋愛を経験したことはありませんか。それと死別は同じようなものなのです。今はたまたま、片方はこちらの世界、もう片方はあちらの世界にいるというだけ。

人間が肉体を離れても永遠に生き続ける霊的存在である以上、深いたましいの絆《きずな》を死が分かつことは決してありません。肉体があろうがなかろうが、たましいの結びつきの強さに影響はないのです。

死別の悲しみに暮れる相談者が私のところに来ると、必ずといっていいほど、亡くなった人の霊がメッセージを伝えてくれます。

婚約者を喪ったある女性が相談に来た時のこと。通信をとり始めると、バイクに乗った婚約者の姿がすぐに霊視されました。彼が私を通じて彼女に伝えたのは、こんなメッセージでした。「自分が死んだのは寿命だと思っているから、おまえもあきらめてくれ。今はこちらの世界をバイクで旅している。いつもぼくの写真に話しかけてくれているね。これからもそうしてほしい。何でも相談に乗るから」と。あとで彼女に聞くと、彼は生前バイクが大好きで、バイクの事故で亡くなったとのことでした。

また、ずいぶん前になりますが、最愛の父親を亡くした女性が訪ねてきました。その父親の霊は、心の支えを失い孤独に陥っている娘に、自分は今こっちの世界で元気に暮らしていると語ったあと、こう言ったのです。「亀は元気か？」

私は一瞬戸惑いました。こんな大人の女性が、亀なんて飼っているのだろうか。もし通信の取り間違いだったら笑われてしまう。

躊躇《ちゅうちょ》の末、それでも言わなければと、自分が聞いたままを彼女に告げました。するとどうでしょう。彼女は突然泣き出したのです。聞けば子どもの頃、縁日で父親が亀を買ってくれたとのこと。それは彼女と父親しか知らない事実で、彼女にとって父親の愛をもっとも強く感じた大切な思い出だというのです。

父の人間としての姿はもうないけれど、たましいは確実に存在している。そして自分をいつまでも見守ってくれている……。彼女はこの通信によって、死別の悲しみから見事に立ち直りました。生死を超えた父との深い絆を実感したからです。

私自身もまた、たましいとして生き続ける両親の存在を何度も実感しています。

十数年前のこと。私はスピリチュアリズムを学ぶために、その発祥地であるイギリスに赴き、ロンドンの郊外にアパートを借りて一人で住んでいました。

慣れない外国暮らしに疲れが溜《た》まっていたせいか、あるとき私は四〇度近い高熱を出して寝込んでしまいました。その夜のことです。私が寝ていたベッドのまわりを黒い影のようなものが徘徊《はいかい》するのを感じました。それはまぎれもなく霊の気配でした。

浮遊霊や地縛霊が山ほどいるロンドンという街。私はそれを地縛霊と思い込み、高熱の原因もその霊のしわざだと考えました。そして黒い影に「人のことをばかにして。とっとと出て行け！」と心の中で悪態をつきながら、眠りに落ちたのです。

翌朝起きると、不思議なことに熱は下がっていました。そして体力も徐々に回復を見せていったのです。

間もなく帰国した私は、師であった霊能力者のT先生を訪ね、イギリスでの霊体験について話しました。それを聞いた先生はこう言われたのです。「それはあなたのお父さんですよ。その証拠に熱が下がったでしょ？」

なんということでしょう。地縛霊と思っていたあのシルエットが実は自分の父親で、熱に苦しむ私を助けてくれていたとは。毎日のスピリチュアル・カウンセリングでいつも霊に会っている私に、こともあろうに最も身近な存在である父親の霊魂がわからなかったのです。

しかしそれは、いかにも父らしい現れ方をしたためだとも言えます。父は生前、無口でおとなしい人でした。私には霊魂の声を聞く能力があるのに、ロンドンに現れた父は私に言葉をかけることもなく、ただ黙って見守っていただけでした。実に父らしい愛情表現だったのです。

それにひきかえ母親は、霊魂となった今も生前の性分のままで、ことあるたびに口を出したがります。

十年前、結婚を控えていた頃のことです。私は毎日仕事に追われ、結婚式の準備になかなか手が回りませんでした。このままでは式を延期しなければならないとまで考えていたある夜、今の妻である婚約者の夢枕に母親が現れてこう言ったのです。

「延期したらだめ。忙しさに負けないで、お互いすぐにでも結婚を考えてほしいの。来年にはかわいい赤ちゃんを授かるんだから、がんばってちょうだいね！」

それはまるで、これまでずっと見守り育ててきた息子を新しい人生に送り出す、現世の親と変わらない口ぶりだったそうです。

結婚式当日にも母親は姿を見せ、何枚もの記念写真にしっかりと写っていました。結婚式にふさわしいピンク色の光の中に現れた母親のシルエット。生前から出たがり屋だった母親らしい味な演出に、嬉《うれ》しさで涙が止まりませんでした。そして一年後、母親の言葉通り、まるまると太った子どもを授かったのです。

こうした経験から私は確信しています。今も霊的世界に生き、現世で親が子に対してするのと同じように、あちらの世界で私を見守り育ててくれている両親の姿を。

今の私に、両親と死別した頃のような悲しみはありません。むしろ失われることのない絆に喜びを感じています。

あなたが喪った大切な人も、やはり永遠に生き、あなたを見守っています。ですからどうか悲しみを手放してください。「霊魂の法則」を真に理解し、孤独の深いトンネルを抜け出てください。

あなたが涙を拭《ぬぐ》い、死者との絆に気づくことは、死者にとっても大きな喜びとなるのですから。

人生に「不幸」はない

人生で陥りがちな三つめの苦しみが、「人生は不幸なもの」という思いです。あなたの日常生活を思い浮かべてください。あなたは今、自分を幸せだと思いますか。それとも不幸を感じているでしょうか。

どちらにしても、その理由をよく考えてみてください。

幸せなのはなぜですか。

恋人とうまくいっているから。仕事が順調だから。家族がみんな健康だから。お金がたくさんあるから。すてきな家に住んでいるから。

不幸なのはなぜですか。

なかなか恋人ができないから。いつ結婚できるか不安だから。職場の人間関係が辛《つら》いから。お金がないから。健康や容姿に悩みがあるから。

これらすべてが現世的な視点、つまり物質的な視点で見た幸不幸にすぎません。

現世的な幸せは、どれもがいつ崩れるともわからない一時的なものばかり。たとえ一生続いたとしても、肉体が死を迎えたらそこでおしまいです。死後に帰るたましいのふるさとに持ち帰れるものは何一つありません。

あなたのたましいがあの世に唯一《ゆいいつ》持っていけるものは、この世で味わった「経験」

と、そこから得た喜怒哀楽さまざまな「感動」だけです。経験と感動だけが私たちのたましいを磨き、浄化向上させてくれます。たましいの目で見た幸せとは、いかにたくさん「感動」を得たかに尽きるのです。

現世的な不幸も、この世で生きている間に限られることばかりです。肉体という殻のなかに封じ込まれているために、人間の本質が永遠に生きる霊的存在であることを忘れ、自分を肉体だけの存在だと思い込んでいるために生じている悩みなのです。霊的視野に立てば、それすらあなたのたましいを磨くための試練だということが理解できるはずです。

私は自分自身の経験から、そして多くの相談を受けてきた経験からも、はっきり言えます。「人生に不幸はない」と。

人間が考える不幸とは、その時の自分にとって都合が悪い状態であるというだけ。長い目で見れば、そして霊的視点で見れば、その状態こそがその人のたましいに学びを与えてくれているのであり、成長を促してくれているのです。さらに、「不幸」と思えることが、実は後に用意されているより大きな幸せのための苦難であることもとても多いのです。

仮に、人間が霊的存在ではなく、肉体の終わりとともにすべてが消滅してしまうとしたら、いったい世の中はどうなるか想像してみてください。

まず、どんなに努力を重ね、一生懸命に生きてみたところで無駄だということになります。そして、「無」になってしまう前に、自分の身体《からだ》が喜びを感じることだけをすればいいということになります。人の迷惑など顧みず、どんどん食べて、どんどんお金やモノを手に入れて、どんどんセックスをして、食欲・物欲・性欲を貪欲《どんよく》に満たしたいだけ満たす。そういう人生が「幸せ」ということになります。

自分のことだけを考えて生きたほうがトクだし、世の中にあるモノには限りがありますから、人に与えれば自分が損してしまう。ならば人から奪ってまでも自分の手に入れたほうが幸せということになります。他人と争っても、他人をだましても、他人を傷つけたり殺したりしてでも、限られた人生をやりたい放題に生きるほうが断然幸せだと言えてしまうのです。そして、それが叶《かな》わなければ「不幸」な人生となってしまうのです。

もちろん人を殺したりモノを盗むなど、法律に触れることまでする人はまれでしょう。それは極端としても、先ほど思い浮かべていただいたあなたが幸せだと思う理由、不幸だと思う理由と、今のたとえはまったく別のものと言えるでしょうか。

そんな物質的な「幸せの価値観」を手放せないために、人は人生の中で競争をくり返しては悩み、だまされ、妬《ねた》まれ、傷つけられているのではないでしょうか。そのあげくに「自分は不幸」だという思いに陥っていると言えないでしょうか。

こうした間違った「幸せの価値観」から追い求めた幸せは、たとえ実現しても、人との争いの末に奪い取ったものですから、心の底から幸せとは感じられないはずです。あなたが幸せでもまわりが不幸だったら、本当の幸せを実感できないはずなのです。なぜなら、あなたの本質である、たましいのきれいな部分が「ノー」と首を振っているからです。

霊的視点に真に立つことができれば、人生の大半の幸せも不幸も、物質的視点で自分が作り上げた幻だったことがわかります。モノもお金も地位も、今の肉体さえ、あなたのたましいが本当に求めている幸せに不可欠のものではないのです。

近世ヨーロッパの哲学者であるカントは、「もし死後の世界がないのであれば、人間の正義なんてあり得ない」という言葉を残しています。正直者が報われる世界がどこにもないならば、誰も良心にしたがって生きようなどとは思わないはずだ、というのです。まさにそのとおりです。死後の世界がないとすれば、現世はあまりに理不尽で不公平。怖れと不安と悩みと競争ばかりの世界とさえ言えます。

幸せは霊的視点で考えなければなりません。

本当の幸せとは何か。それを考えながら、残りの七つの法則を読んでください。答えは、八つの法則の最後である「幸福の法則」にまとめたいと思います。

二、階層の法則

たましいは浄化向上を志している

霊的世界は無数の階層に分かれていて、あなたは死後、あなたのたましいの成長のレベルに応じた境地に行くことになります。これが「階層の法則」です。

「霊魂の法則」により、人間が霊的存在で、この世に一時的な旅をしに来ているとわかると、「なぜわざわざそのようなことを?」、「この世とあの世がなぜ分かれていて、何のために二つの間を行ったり来たりしなければいけないの?」といった疑問が出てくることでしょう。

その答えの鍵《かぎ》は、すべてのたましいが志向している「浄化向上」にあります。私たちは物質界にいる今でこそ肉体をまとい、一人ひとりがばらばらの存在になっていますが、霊的世界においては、究極的には一つのまとまりなのです。人間のたましいだけでなく、動物や植物のたましい、この世に姿を持ったことのないたましい(自然霊）も、すべておおもとは一つです。そのまとまりの中心こそが、大霊（グレイト・スピリット）すなわち神です。神とは最高位の霊的エネルギーなのです。

すべてのたましいは、神であるこの中心に、いつか統合されていくことを志しています。しかし、そのたましいに濁りや曇りがあればあるほど、中心との距離が離れてしまっています。そこでより純粋なエネルギーとなるよう、みずからの濁りを少しでもきれいにし（浄化）、より高い境地に行けること（向上）を目指しているのです。

たましいを浄化向上させるために最適な場所が、この物質界です。だからこそ死と再生を繰り返しながら、私たちは何度もこの世への旅に来ているのです。

霊的世界にいる間は、人間のたましいはみずからが浄化向上を目指していることを理解しています。ところが物質界の肉体に宿ったとたんにそれを忘れてしまい、たましいが持つ本性むき出しの状態でこの世を生きることになります。そして、喜びや楽しみを味わい、愛を学ぶ一方で、物質界特有のさまざまな苦悩を味わい、人間同士の衝突を経験するのです。

霊的視点で見れば、これらの経験は決してマイナスではありません。むしろ、みずからのたましいの濁り、曇りに気づかせてくれるありがたい仕組みなのです。大事なのは、そうした経験を前向きに受け容《い》れて、喜怒哀楽の「感動」にたましいを震わすこと。感動こそが、何よりもたましいを浄化させる力を持つのですから。

感動の多い人生では、たましいは大きく浄化向上します。逆に、経験の乏しい人生、感動の少ない人生を漫然と送っていたのでは、この世に生を受けている時間を有効に生かしていないことになってしまいます。

失敗を恐れずにたくさんの経験と感動を積み重ね、より透明なたましいとなってあの世へ帰ることこそが、私たちがこの世に生まれてきた意味なのです。

「肉体の年齢」と「たましいの年齢」

このようにすべての人間は、霊的存在として、たましいの浄化向上もしくは霊的成長を志しています。その進み具合を「心境」と言ったり、「霊格」と言ったりしますが、これは人によりさまざまです。

つまりこの世には、たましいの浄化向上が進んだ人と、まだまだこれからという人が混在しているのです。

私はいつも「霊格」のことを、わかりやすく「たましいの年齢」と表現しています。「たましいの年齢」とは、すべての前世をも含めて、そのたましいがこれまでにどれほど多くの経験と、深い感動を積み上げてきたかの度合いです。これは、「肉体の年齢」、つまりこの世に生まれて何年たったかという、私たちが通常「年齢」と呼ぶものとは別のものです。

経験と感動を多く積んで浄化向上してきた人ほど「たましいの年齢」は高く、真の愛に目覚め、霊的価値観すなわち叡智《えいち》を備えています。「たましいの年齢」の幼い人ほどまだまだ学びが足りず、地上的な物質主義的価値観にしばられています。「霊格」はおおむね「人格」に比例しているとも言えます。

「たましいの年齢」と「肉体の年齢」の間には何の関係もありません。この世には、たましいが大人である子どももいれば、子どものたましいを持った大人もいるのです。

人間関係において、この視点を持つことはとても大切です。

まず、「この人は年齢から言うともう立派なお年寄りなのに、どうしてこんなに意地が悪いんだろう」「うちの姑《しゅうとめ》は、なぜこんなにもわからずやなんだろう」といったようなことで悩むことはなくなります。腹が立ったときは、見かけの年齢に惑わされないよう、相手を赤ちゃんとして想像すればいいのです。赤ちゃんに叩《たた》かれたり、幼児にからかわれたりして腹を立てる大人はいません。いるとしたら、その人こそ「幼い」のです。

また、この視点を持つことにより、年下の人に対する見方が変わります。年下の人の中にも、自分よりもよほど経験を積み、叡智を備えたたましいの持ち主がいるのだとわかると、「自分は年上なんだから」とか、「年下のくせに」といった不必要な構えやこだわりがなくなりますし、彼らから学ぶべきことに心を開くことで、とても心豊かになることができます。

親子においては、「子どものくせに」と思ったり、「自分の子どもだから」と、子どもをわがもののように考えたりすることが間違いだとわかります。親より子どものほうが「たましいの年齢」が高いという親子など、実はざらにいるのです。

より高い境地へ行くために

はじめに書いたように、死後の世界は無数の階層からなる、厳然とした「差別界」です。誰もが例外なく、死んだ時点での自分の心境に合った階層に、平行移動していきます。生前の地位も名誉も貧富もまったく関係ありません。死後はたましいがどれだけ純粋で、どれだけ輝いているかということだけが問われるのです。

世の人の中には、死を迎えたら天国に昇天するとか、すぐに神と一つになると考えている人がいますが、真相はそう簡単ではありません。毎日神様に祈ったり、念仏を唱えてさえいれば天国に行けると単純に考えている人もいますが、それは全くあり得ないことなのです。

たましいが死後たどる道筋について簡単にご説明しましょう。

人間は死とともに肉体という殻を脱ぎ、幽体と呼ばれる霊的なエネルギー体に移行します。そして、「現界」すなわち私たちが生きるこの世界と、霊的世界の中間にある、「幽現界」へ行きます。一般に「死後四十九日間はこの世にいる」と言われますが、それは現界に留まっているということではなく、「幽現界」にいるという意味です。

その後、たましいは「幽界」へ向かいます。この「幽界」の中も、さらに無数の層に分かれています。霊格が高いほど高い層、低いほど低い層へ行くことになります。よく言われる「天国」と「地獄」は、この「幽界」の高い層と低い層を指していることが多いようです。

臨死体験をした人の話を聞くと、ある人は、死後の世界はお花畑が広がり、小鳥は歌い、言葉には尽くせないほど美しい世界だったと証言しています。また別の人は、暗闇《くらやみ》が果てしなく広がる恐ろしい世界だったと言います。これほどの開きがあるのは、その人のたましいのレベルによって行く世界が違うからです。

たましいはやがて、この「幽界」をも離れて「霊界」へと上昇します。このとき、たましいはみずからの姿を形作っている「幽体」さえも脱ぎ捨てるため、この過程は「第二の死」と呼ばれています。

「霊界」へ行くと、たましいはみずからの類魂（「類魂の法則」参照）に帰結します。類魂と溶け合い、その一部分となるのです。そこからまた「現界」で学び足りなかった部分をふり返り、多くの場合、もう一度学び直そうと決意を固め、「再生」します。こうしてたましいは「再生」と「帰結」をくり返し、最終的には大いなる光のエネルギー、大霊（グレイト・スピリット）へと融合する「神界」へ向かうのです。

こうして説明してきたものの、死後のたましいの道筋には、実際は、気が遠くなるほどの時間がかかります。私たち人間が持つ時間の単位などではとうてい計れないほどです。

「失うことの恐れ」を捨てる

一つの人生を終えて霊界へ向かう過程すら平坦《へいたん》ではありません。

霊的世界を信じないまま死んだたましいや、死後もみずからの死を受け容れられないたましい、この世に執着を強く残すたましいは、「幽界」どころか「幽現界」をいつまでもさまよい続けます。浄化が停滞してしまった、いわば「未浄化霊」たちです。

街中を霊視すると、そうした霊魂が無数にいます。ラッシュアワーの駅に行けば、いまだに死に気づかず電車を待っているサラリーマンの霊魂。デパートへ行けば、売り場を歩きまわり、商品の値札までチェックしている主婦の霊魂。交通事故の現場に行けば、「こんな場所で突然死ぬなんて」と、ふらふら歩いている泥酔《でいすい》状態の霊魂。火災現場に行けば、パニック状態で走り回っている霊魂。

「地縛霊」と呼ばれるこれらの霊魂は、死を受け容れられず、この世への執着や、悲劇的な思いを手放せないでいるのです。

また、死に気づいていても「この土地は誰にも渡すものか」と、生前の土地や家にへばりついたままの霊魂や、「死んだらお墓に行くものに決まっている」という自分の固定観念にしがみつき、お墓にぽつんと座り込んでいる放心状態の霊魂などもいます。みな執拗《しつよう》なこだわりによって、みずからのエネルギーを地上世界に留まらせてしまっているのです。

「浮遊霊」と呼ばれる未浄化霊もあります。「恋人が忘れられない」、「私が死んであの人だけ幸せになるなんて許せない」、「やり残していることが山ほどある」、「残した家族が心配でたまらない」など、現世に残したものへの未練や後悔、妬《ねた》みや憎しみなどの感情を手放せず、いつまでも現世をさまよっている霊魂です。

愛と喜びの世界へと向かって行けるはずのみずからを「幽現界」に留めているのは、ほかならぬ自分自身の否定的な心のエネルギーです。いわば「失うことの恐れ」が、たましいの浄化を妨げているのです。しかも自分で自分を縛っていることにも気づけないのですから、なんと不幸なことでしょう。

これは死んだ霊魂に限った話ではありません。生きている私たちにも、実はまったく同じことが言えます。

失ったものへのこだわり、執着、妬み、後悔、恐れといった否定的な感情を手放せないでいると、たましいの成長を停滞させてしまうのです。ちょうど「未浄化霊」のように。

こうした「失うことの恐れ」は、この世に生きる人間には多かれ少なかれ誰にでもあるもの。そして誰もが乗り越えなければならない、現世での共通する課題です。

今あなたは何を恐れ、何に執着しているのか、ふり返ってみてください。そして、それを手放してこそ、喜びや幸せを受け取る準備ができるのだという事実を知ってほしいのです。

三、波長の法則

想念が「出会い」を決める

自分の心のあり方が出会う人や出来事を決めている。これが、「波長の法則」です。その人間が心に持つすべての思いは、想念という霊的なエネルギーを生み出します。そして、「類は友を呼ぶ」という言葉が昔からあるように、同じレベルの想念の波長を持った者同士がお互いに引き寄せ合うのです。

今のあなたを取り巻いている人たちを思い浮かべてください。どんな人たちが日常生活の中にいるでしょうか。愛情と優しさに満ち、前向きで素直な心を持った人たちなら、あなたも前向きな、高いエネルギーを持っていると言えます。

反対に憎しみや妬み、蔑《さげす》みの心を持つ人たちに囲まれていれば、あなた自身も否定的なエネルギーを持っていることになります。「私のまわりにはろくな人がいないわ」、「どうして私のところにばかり腹の立つやつが集まるの」、「人間関係に恵まれない私って不幸……」と言う人も、その原因は自分自身にあるのです。

自分自身の波長は、日常の中で経験する出来事をも決めています。

「最近ろくなことがない」、「どうしてこんなにいやなことばかり続くんだろう」と思う人は、自分の波長が低くなっていないかどうかを省みる必要がありそうです。

自分自身の心のあり方をまるで鏡のように見せてくる「波長の法則」ですが、恐れる必要はまったくありません。あなたが感謝や喜びの心、いたわりや優しさの心を持てば、波長が高まり、同じく高いエネルギーを持った人や出来事が、必ず感応して集まってくるのですから。

この法則から言えることの一つは、人との別れは悲しいことではないということです。出会った頃はお互いにかなり夢中だった恋人とうまくいかなくなったり、一時はとても親しかった友だちとすっかり話が合わなくなったという経験は誰にでもあるのではないでしょうか。これは、波長に差が出てきたためなのです。自分か相手が上がったのか、下がったのか。いずれにしても、ごく自然な流れであり、仕方のないことです。その関係にいつまでも執着せず、心を切り換えて新しい出会いに向かっていくほうがいいのです。

思いのエネルギーだけでなく、言葉が持つエネルギー、すなわち「言霊《ことだま》」もおろそかにしてはいけません。口から出した言葉は必ずエネルギーとなって、同等のエネルギーを持つ人や出来事を呼び寄せます。
「いやだ」とか「どうせ」といった否定的な口癖は今すぐにでもやめてください。「私はだめな人間だから……」も禁物。たとえ謙遜《けんそん》で言っていても、言い続けていると本当にだめな人間になってしまいます。言霊の力はそれほど強力なのです。

低級霊の憑依《ひょうい》にご用心

霊的波長を放って生きている人間は、たとえてみればラジオのようなものです。どこにチューニングするかにより聞こえてくるものが違ってきます。心を高い周波数にチューニングしていれば、気持ちが安らぐ話や、あなたにとって必要な情報が耳に飛び込んできます。低い周波数にチューニングしていると、いやな噂《うわさ》や、不安な気持ちにさせる雑音しか入ってきません。

現世に肉体を持たない霊魂にも、人間が出す波長は及び、作用しています。低いエネルギーを出していると、「邪霊」、「未浄化霊」と呼ばれる低級霊と同調することになるのです。場合によってはそれが「憑依霊」となってあなたに憑《つ》き、あなたの生活や健康にまで悪影響を与えます。

たとえば、墓場や事故現場、因縁のある場所に出かけた時に、悪い霊にとり憑かれてしまったとします。それ以来ずっと肩が重い、悪いことが重なって起きる、健康を害してしまった。こうした憑依現象は、とかく霊の側が悪いものとして語られ、恐れられています。

けれどこういう現象も「波長の法則」が働いた結果と言うに尽きるのです。憑かれた人間も、同レベルの波長を出していたのですから、自分の低い波長に問題があったと考えねばなりません。

私のもとにも、「憑依霊」の問題で訪れる相談者はかなりいます。「今すぐ取ってください」と、さも被害に遭ったような調子で訴えかけてくる人もいます。ところが霊視すると、どの「憑依霊」も口を揃《そろ》えてこう言うのです。「私はこの人に呼び寄せられて来たのです……」

ずっと前に訪ねてきた若い女性もそうでした。体調をかなり悪くしていて、原因は病院に行ってもわからないと言います。その顔は真っ青で、まるで地獄の底から這《は》い上がってきたような形相でした。付き添いの人に腕を支えてもらわなければ立つこともままならないほどの衰弱ぶりだったのです。

私は驚きを隠せませんでした。廃人のような女性の姿にではありません。その後ろに重なるように、はっきりと別の女性の姿が立ち浮かんでいたからです。

その「憑依霊」は三年前に、海に飛び込み自殺をした若い女性の霊魂でした。その霊が私に語るところによると、自分は恋愛の果てに捨てられ、身を投げたとのこと。恋人に捨てられた原因は赤ちゃんができたからでした。

なぜその女性に憑依したのかを霊に尋ねると、「彼女は私とまったく同じ事情で悲しみに暮れていたからです。この女性なら、私の気持ちをわかってくれると思ったのです」と言うではありませんか。

相談者の女性にそのままを伝えると、まさしくその通りであるとのこと。彼女は恋愛にやぶれ、お腹に別れた男性の子どもを宿し、絶望的な気持ちになっていたのです。そして「憑依霊」が入水《じゅすい》自殺をしたという同じ岬に、彼女も自殺したいと思いながらたたずんでいたというのです。

一緒にいた友人が引きとめてくれたおかげで、その場では事なきを得ましたが、以来彼女はさまざまな症状に襲われるようになりました。そしてとうとうのどが腫《は》れて食べ物も通らなくなり、お腹がぱんぱんに張って痛むという、まさに入水自殺をしたのと同じような症状に悩まされるようになったのです。

私はその「憑依霊」を浄霊するとともに、相談者の女性に生きることの意義をさとし、希望を持って生きるよう励ましました。するとみるみるうちに、彼女は誰が見てもはっきりとわかるほど、明るく健康的な女性に変わりました。「この女性はこんなに美人だったのか」と思うほど、見事な変貌《へんぼう》ぶりでした。

世の中には、なぜか自殺が多発する「自殺の名所」、「魔の踏切」などと呼ばれる場所があります。そういう場所へ失恋に悩む人が足を運べば、失恋を苦に自殺した霊魂たちが同調して集まってきます。金銭トラブルに悩む人が行けば、金銭苦で自殺した霊魂たちが呼び寄せられてきて、次々にその人の足を引っ張ります。

自殺者の霊は、なぜ死んだ現場に居残ってこのようなことをするのでしょうか。

それは、自分が死んだという自覚ができないでいるからです。まだ死ねていないと勘違いしているからです。

多くの自殺者は、「死ねばすべてが終わり」だと信じて死にます。ところが「霊魂の法則」からわかるように、人間は霊的存在ですから死後も存在はなくなりません。自殺した霊魂は、いつまでも自分という存在が終わっていないことに苦しみます。そして、もう一度きちんと自殺をやり直さなければならないと思い込み、同じ波長の人に憑依して、その肉体を借りてもう一度自殺しようとするのです。

もちろん、そうした場所へ行った人すべてが憑依を受けるわけではありません。高い波長を保っていれば絶対に大丈夫です。先の例でも、彼女と一緒にいた友人は、自殺したいと思うどころか、むしろ彼女の自殺をひきとめてくれたのですから。

ここまで読んで「恐《こわ》いけれど、私は霊的体質ではないし、憑依なんて関係ないわ」と思う人もいるかもしれませんが、実は、誰にとっても憑依は、意外なほど頻繁に起こっています。気づいていないことがほとんどですが、ごく小さな憑依まで含めれば、それこそ日常茶飯事といっていいくらいです。何も特別なことではなく、憑依も単に「波長の法則」の一面であるにすぎないのです。

死んだ霊魂による憑依だけではありません。生きている人の念、いわゆる「生き霊」も憑依をします。昔から怪談などで語られる丑《うし》の刻参りなどは、生き霊のエネルギーを使った呪術《じゅじゅつ》です。これなどは極端におどろおどろしい例としても、人に対する思いは、意識的にしろ無意識にしろ、相手にしばしば影響を及ぼしているのです。

憑依の連鎖を断ち切るために

低級な憑依霊にとり憑かれた人に対し、私は霊能力者として浄霊を行うことがあります。けれども私はこれが根本的な解決になるとは思っていません。憑依をいっとき取り除く、いわば対症療法にすぎないと考えています。

憑依した霊は、私がよくよく言い聞かせることにより、その人の身体を離れていきます。けれども憑依を招いたのはその人自身の波長ですから、本人の心のあり方がその後も変わらなければ、また同じレベルの霊を招いて憑依されてしまいます。憑依の連鎖を断ち切ることは、結局のところ本人にしかできません。本人の心のエネルギーさえ高まれば、霊能力者の手を借りなくても憑依霊は自然と離れていきます。憑依霊が、自分が憑いた人間が前向きに変わった姿を見て「なるほど、もっともだ」と教えられ、浄化していくことも珍しいことではありません。

霊的な話が苦手な人には恐ろしく思える話が続いたかもしれませんが、憑依も恐ろしいものばかりではありません。人間は高いエネルギーを持った霊による憑依で恩恵を受けることもしばしばです。すぐれた才能や技能を持つ人たちの多くは、霊から創造的なエネルギーを授かって仕事をしています。

生き霊も、否定的なものばかりではありません。親が子を心配する思い、遠く離れた人を思う愛といったエネルギーもまた生き霊であり、思われている側がそのエネルギーに守られて助けられたり、難局を切り抜けられたりすることは、本人は気づかなくても、日常よくあることなのです。

すべては自分自身の波長しだいです。自分が波長という大事なエネルギーを放っていることを自覚し、つねに自分の波長を高く保つように努めてください。日々出会う人や出来事を自分の鏡として常に意識し、そこから学び取っていくことが、「波長の法則」をフルに活用した生き方なのです。

四、守護の法則

守護霊はたましいの親

「人間は生まれるときも死ぬときも一人」と言われます。けれども霊的視点で見れば、ひとりぼっちで生まれてくる人は誰もいません。私たち一人ひとりに、いつも寄り添って見守っている霊的存在があります。これが、「守護の法則」です。

その存在とは「守護霊」や「背後霊」と呼ばれている霊です。英語で言うと、ガーディアン・スピリット、またはガーディアン・エンジェルです。

この現世を生きているすべての人にそれらの霊はついていて、私たちが困難な人生に絶望しているときも、深い孤独や悩みに陥っているときも、片時も離れず、大きな愛で見守ってくれています。

今や守護霊やガーディアン・スピリットという言葉を知る人は増えましたが、誤解もまた多いようです。たとえば「あなたに良い守護霊をつけてあげよう」などと言う霊能力者や、「私には守護霊なんてついていない！」と嘆く人がそうです。

守護霊は霊能力者が「つける」ものでは決してありません。守護霊は私たちのたましいの親のようなもの。この世に生まれる前からともにいて、ともに生き、私たちの死の瞬間も、死後もずっと、一緒にいて温かく見守ってくれているのです。何があっても私たちを見捨てて離れていくことはありません。ですから守護霊を霊能力者に「つけて」もらったり、現世的な打算によって「もっと良い守護霊」をつけてもらうなど、あり得ない話です。

また一般の人でも、霊的真理の理解不足から、守護霊に対して感謝するどころか、「私にはろくな守護霊がついていない」などと、自分の不運や困難を守護霊のせいにする人もいます。守護霊をどんなわがままも叶《かな》えてくれる魔法使いのようなものと誤解しているのでしょう。しかし守護霊は、そのようなお人好《ひとよ》しで便利な存在では決してないのです。

守護霊の願いは、私たちのたましいを大きく成長させ、より輝かせることに尽きるのです。そのために、私たちの人生が学び多きものとなるよう、ただそれだけの目的に沿って私たちを導いているのです。

あなたが親となったときのことを想像してみてください。あなたが子どもに甘いお菓子ばかり食べさせていたらどうなるでしょう。その子が欲しがるおもちゃをそのつど買い与えていたらどうなるでしょう。すべて子どもの望み通りに動いてあげていたら、子どもは本当に正しい道を歩んでいけるでしょうか。絶対に無理です。だめな人間になって自堕落な人生を送ることにもなりかねません。

それと同じです。守護霊はあなたのたましいの親として、霊的視点であなたの成長を見守っているだけに、現世の親以上に厳しいものです。あなたのためになることなら試練を与えることさえ厭《いと》いません。あなたが苦難のさなかにいるときも、心配しながらも安易に助けず、自力で這い上がるのをひたすら見守ります。すべては、あなたへの本当の愛があるからなのです。

あなたは守護霊に見守られているという安心を胸に、愛を一つひとつ学びながら、この世を力いっぱい生き抜けばよいのです。

守護霊のさまざまな役割

守護霊を一人だと思っている人も多いようですが、そんなことはありません。誰もが複数のたましいに見守られています。もっとも霊的存在ですから、物質界の人間のように一人、二人とは数えられないのですが。

守護霊は役割によって大きく四種類に分けることができます。

まず、中心となってあなたをサポートしているのが「主護霊（ガーディアン・スピリット）」（守護霊とも書きますが、他の三つと区別する意味でここでは主護霊と表記します）。この霊は、学校でいうと担任の先生のような存在です。

主護霊は、あなたが霊界で再生を決意したときから、この生涯を終えて霊界に戻るまで、あなたとは切っても切れない関係にあります。つねにあなたに寄り添い、途中で入れ替わることはありません。その強い絆《きずな》のためか、人はみな自分の主護霊と似たような生涯を送ると言われています。

多くの場合、女性には女性の霊魂、男性には男性の霊魂が主護霊としてつきます。統計的にみると四百年から七百年前に他界した先祖の霊魂が主護霊として働くことが多いようです。

二つめが「指導霊（ガイド・スピリット）」。あなたの職業や才能、趣味を指導する霊魂です。たとえば芸術家には芸術家の霊魂が、医師には医師の霊魂がついていることが多いようです。

指導霊は主護霊と違って先祖とは限りませんし、外国人の霊魂である場合もよくあるようです。私が今まで視《み》た中にも、英会話の教師にイギリス人の霊魂がついていたり、ヨーガの先生にインド人の霊魂がついていたりしました。

私自身の指導霊は、第三章で詳しく書くことになる昌清之命《まさきよのみこと》です。戦国時代の昔に霊的な能力に長《た》けた僧侶《そうりょ》として生き、心霊治療を得意としていたそうです。私がスピリチュアル・ヒーラー（心霊治療家）でもあるのは、この指導霊の存在ゆえなのでしょう。

三つめは、あなたの運命をコーディネイトしている「支配霊（コントロール・スピリット）」です。人や出来事との出会い、新しく住む土地や環境など、人生において進むべき方向を調整しています。

支配霊はあなたの十年ほど先まで見ることができます。あなたは自分の今までの人生を偶然の積み重ねだと考えているかもしれませんが、実はこの霊の支援がつねにあったのです。

これらのほかに「補助霊（ヘルパー・スピリット）」がいます。以上三つの守護霊たちの仕事を手伝い、補助しています。この霊魂はさほど古くありません。あなたの身内や近い先祖がなっていることが多いようです。

テレビ番組などで霊能力者が「あなたの守護霊はおじいさんですよ」などと言っているのを耳にします。それはこの補助霊としてついているという意味であり、中心的役割を果たしている主護霊としてではありません。

主護霊はあなたが生まれる前からともにいる存在ですから、あなたが生前のおじいさんを知っているなら、おじいさんは主護霊ではあり得なくなります。いつも見守ってくれているのは事実としても、あくまでも他の守護霊たちの補助として働いているのです。

より高い導きを受けるには

守護霊の存在を知っていても、人生があまりにも悩みや苦しみに満ちている時は、「本当に守護霊なんているのかしら」という気持ちになってしまうかもしれません。

しかしそこで思い出していただきたいのが「波長の法則」です。

あなたが否定的な心でいれば、守護霊がどんなに応援してくれていても、どんなに温かい手を差しのべてくれていても、その愛はあなたの心に届きません。そればかりかどんどん遠のいてしまいます。

それは雨雲と太陽の関係にたとえられます。雨雲が空に広がっていると、向こうに太陽がさんさんと輝いていてもその光は届きません。しかし、どんより曇っているからといって太陽がないとは言えないように、あなたに守護霊の愛が感じられないからといって、守護霊のほうでは愛を注いでいないわけではないのです。

あなたの心に広がる厚い雨雲とは何のことだと思いますか。それは、不平不満、妬《ねた》みや憎しみ。自分の怠慢は棚に上げて、人に依存したり、責任転嫁《てんか》ばかりする心。そしてそうした低い心境に引き寄せられて集まる邪霊や低級霊です。これら否定的なエネルギーが守護霊の愛の光を阻《はば》んでしまうのです。

逆にあなたが、優しさといたわりの心、感謝の心を忘れずにいれば、あなたの波長は高くなります。

守護霊はさんさんと輝く太陽のようにあなたを照らしてくれるでしょう。あなたの才能を花開かせ、すばらしい閃《ひらめ》きも贈ってくれるでしょう。困難に直面したときも、絶妙な支援を与えてくれるでしょう。

さらに忘れてはならない事実があります。主護霊以外の、指導霊、支配霊、補助霊は、あなたの波長が高くなれば、より高いエネルギーを持った霊魂と入れ替わるということです。

たとえば仕事で、あなたがつねに努力を惜しまず、向上心を持ち、謙虚に誠実に励んでいれば、たとえ才能のない人でも高級な指導霊を呼び込むことができます。そして、能力を飛躍的に伸ばすことも可能なのです。

逆に傲慢《ごうまん》になったり、増長したりすれば、あなたの波長は著しく低下し、今ついている指導霊があなたのもとを去っていくかもしれません。代わりにつくのは、低くなった波長に見合う一段下の霊魂。あなたの能力は落ち、今までできたはずのこともできなくなってしまいます。

こうなったとしても守護霊たちの責任ではありません。より高い導きを受け容《い》れるか否《いな》かは、あなた自身の波長次第なのです。

五、類魂の法則

類魂は「たましいの家族」

霊的世界には、私たちの一人ひとりに「たましいの家族」なる存在があります。それが類魂（グループ・ソウル）です。誰もが必ず霊界に、現世の家族以上に深い絆《きずな》で結ばれた「たましいの家族」を持っているのです。これが、「類魂の法則」です。

あなたのたましいは、あなたの類魂の中の「一部分」です。類魂の中の「一人」ではなく「一部分」と表現しているのは、霊魂は物質ではないため一人、二人とは数えられないからです。

類魂を構成するたましいは、霊界においてはみなつながっています。「霊魂の法則」のところで、すべてのたましいはもともと一つのまとまりだと書きましたが、類魂はその中でもごく近い同士、と言うよりほとんど均質な霊魂のひとまとまりなのです。ですからあなたの類魂そのものを、「あなた自身」ととらえてもいいでしょう。

この「たましいの家族」に対し、現世の家族は、霊的視点で見ると「肉の家族」であり、血はつながっていても霊魂の上では別々です。

なぜ別々のたましいが集まって家族を形成しているかというと、お互いに切磋琢磨《せっさたくま》して学び合うためです。そのため、それぞれのたましいのテーマを学び合うのにぴったりな者同士で一つの家族を構成しているのです。その意味で私はよく、家族を「たましいの学校」とたとえています。

ともに浄化向上を目指す仲間

あなたが生まれる前、まだ霊界にいたときは、この類魂の中に溶け合っていました。そしてあるとき、類魂全体の浄化向上のために再生を志し、そこを離れてこの世に生まれてきました。この世でたましいを磨き、やがて死ぬと、ふるさとである類魂のもとへまた帰っていきます。

この流れを物質界の言葉で説明するのはかなり難しいことであり、理解するのも大変だと思います。そこで私はいつも、類魂をコップの中の水にたとえています。

あなたの類魂を、一つのコップに入った水として想像してみてください。その水は少し濁っていて、より透明できれいな水になること（浄化向上）を目指しています。

濁った水をきれいにするには、物質界であるこの世に生まれ出て、たくさんの経験を積み、たましいを磨く必要があります。そのためにあなたは、一粒の水滴としてコップからこの世に出されました。この世であなたは、水滴の濁りができるだけ薄くなるように、生涯たましいの浄化向上に努めます。そしてやがて人生を終え、ふるさとであるコップの中に戻っていくのです。

一粒の水滴がきれいになれば、コップ全体も少しは透明度を増します。しかし全体が透明になるには、あなたの前にも後にも、たくさんの水滴がコップから出ては戻ることをくり返さなくてはいけません。いわば前世（過去世）や来世です。

その中には薄くなるどころか、ますます濁った水滴となってふるさとに帰り、類魂の浄化向上を遅らせるような人生もあります。それでもこの作業を気の遠くなるような時間をかけてくり返すうちに、コップの水はきれいになっていくのです。

究極の目標は、完璧《かんぺき》に無色透明なたましいになること。そうなれたときにはもう、類魂ごと「神」と一体です。どの類魂も、その境地をひたむきに目指しています。

あなたの類魂は、だからこそあなたに、霊界から大きな愛を注ぎ、あなたの成長を懸命に支援しています。あなたの成長が、類魂全体の成長に必要なことだからです。

「守護の法則」のところで書いた守護霊たち、つまり主護霊、指導霊、支配霊、補助霊も、実はすべてこの類魂の一部分です。

また、先に述べたようにあなたの前世や来世と一般に呼ばれる存在も、あなた自身の類魂から別の時代にこの世に出されたたましいです。守護霊をあなたの前世と見ることもできるのです。あなたの守護霊たちも、かつてはあなたの類魂からこの現世に降りて一人の人間としての人生を送っていたということなのです。

その守護霊が類魂の中でもとりわけ熱心にあなたを見守り、辛抱強く指導してくれているのは、何もあなたに対するサービスやお節介でそうしているのではありません。守護霊にとってはあなたのことが、ほかならぬ自分自身のことだからなのです。そして、霊界からあなたを指導するという経験を通じて、守護霊自身もまた学んでいるのです。

ごくまれに、同じ類魂から二つ以上のたましいが同時期にこの世に出されることがあります。これを「双子霊（ツイン・ソウル）」と言います。双子霊はこの世では出会うことがないのが普通です。出会うとしたら、その縁は並外れて深いものとなります。特に、何かの仕事を共同で成し遂げることが多いようです。キュリー夫妻などは、そのよい例と言えるでしょう。

類魂は叡智《えいち》の宝庫

私の指導霊である昌清霊は、類魂についてこう説明します。

類魂の「個性」は同一。しかし「経験」は別々である、と。

つまりこういうことです。類魂は全体が「自分自身」のようなものですから、個性は同一です。あなたが今持っている個性は、死後も変わりません。それはすなわち類魂の個性なのです。

けれども類魂の部分部分が持つ「経験」はばらばらです。コップの水のたとえで言うと、一滴また一滴と、コップ（類魂）から出されている水滴（たましい）は、これまでに実にさまざまな時代、国、性の人間として生まれ、まったく違う経験を積んできました。言い換えると、一つひとつの前世の経験は、すべて違っているということです。今の時代、今の国、今の名前で生きるあなたの経験は、かけがえのないその一つなのです。

類魂には、それら無数の「経験」が内包されているのですから、そこから導き出された知恵もつまっていることになります。つまり、類魂は輝かしい記憶と叡智の宝庫なのです。

昌清霊によると、あなたが死んで霊界へ行き、類魂の中へ再び溶け合ったとたんに、それらすべての経験が、あたかも自分の記憶のように蘇《よみがえ》るのだそうです。

しかし当然ながら、今のあなたにその記憶はありません。と言うより、たましいのどこかで本当は知っているのですが、肉体という鈍重な物質にこもっているために、その記憶を引き出せないのです。また、そうであったほうが、日々の経験を新鮮な学びのもとにしながら生きていけるのだと言えます。

そんなあなたに、類魂のほうではしきりに支援を授けようとしています。あなたが高い波長を持って生きていれば、あなたと類魂のプラグはつながり、叡智の宝庫の恩恵を、閃《ひらめ》きなどを通じて受け取れるようになるはずです。

類魂に関してもう一つ、知っていただきたい大事なことがあります。それは、ここまでに説明してきた類魂は、狭義の類魂であるということです。

広い意味で言えば、すべてのたましいが類魂です。あなたの類魂は、さらに大きな類魂の一部です。その大きな類魂もまた、もっと大きな類魂の一部です。そうして遡《さかのぼ》っていくと、すべてのたましいは広義の類魂なのです。みな同じ大霊の子、神の子どもなのです。

六、因果の法則

思い、言葉、行為のすべてがカルマに

「自分がしたことは、いつか自分に返ってくる」とよく言われます。「みずから蒔《ま》いた種子は、必ずみずからが刈り取らねばならない」という言葉もあります。「因果の法則」は、まさにこのことを指しています。

因果とは文字どおり、原因と結果のことで、カルマとも言います。今ある状況はすべて、これまでの自分のあり方（原因）の結果だというのが「因果の法則」です。この世には奇跡も偶然もありません。すべては「因果の法則」という自然の摂理にもとづいた、いわば必然なのです。

原因となるのは「行い」だけではありません。あなたが話す「言葉」、心に抱いた「思い」さえ、すべて目には視《み》えない霊的なエネルギーを放ち、いつかあなたのもとに何らかの結果となって返ってきます。この法則が働く正確さはスーパーコンピュー

タをはるかに凌《しの》ぐものです。

因果やカルマというと、恐ろしいイメージを持つ人が多いのですが、「波長の法則」と同様、これも自分自身の「自己責任」次第だということを知れば、何も恐《こわ》いことはありません。愛や思いやり、努力といったプラスのカルマを積めば、必ずプラスのカルマが返ってくる。そのことをこの法則は保証しているのですから、むしろありがたいことです。

たとえマイナスのカルマが返ってきたとしても、それはいわゆる天罰とか、バチが当たるということではありません。霊的法則に、天罰やバチはないのです。ただ単純に、自分が蒔いた種子がそのまま返ってくるというだけ。とてもわかりやすい摂理なのです。

「因果の法則」は、実にクールな法則にも思えるかもしれませんが、これもまた実に愛に満ちた法則です。なぜなら、この法則が働いているからこそ、私たちは必ずみずからの欠点や未熟な部分に気づくことができ、そこを矯正できるのですから。そのときは手痛い経験と感じるかもしれません。しかしだからこそ、二度と同じあやまちをしない自分になれるのです。

このように、どの霊的法則も、私たちのたましいがより成長できるようにのみ働いているのです。

カルマは人間関係の磨き砂

現世における学びのうち、あなた一人で達成できるものはほとんどないと言えるでしょう。人間は、人間同士がともに生き、ときには衝突し、感動を与え合ってこそ、お互いのたましいを磨き合うことができるのです。本当の幸せも、たった一人きりで得ることはできません。人間関係とはまさに、たましいに輝きを与える磨き砂と言えるのです。

「因果の法則」はあなたと他者との関係がどうあるべきかを教えてくれます。

あなたが、思い、言葉、行為を通じて、愛情やいたわりを人に与えれば、必ずそれは同じだけあなたのもとに返ってきます。逆に、憎しみや妬《ねた》みなどの思いを人にふりまいていたら、あなたのもとにそれが同じだけ戻ってきます。

この法則を知らず、もしもあなたが自分の悩みの原因を他人に転嫁《てんか》したり、恨んだりすればどうなるでしょう。自分が放った否定的エネルギーがあなたに戻ってきただけなのに、さらに新たな否定的なエネルギーを放ってしまうことになります。自分の非に気づかない限り、その苦しみは二重にも三重にもなり、いつまでたっても自分が蒔いた種によって苦しむことになりかねないのです。

逆に、肯定的なエネルギーをつねに放っていれば、あなたのもとにそれが二倍にも三倍にもなって返ってきます。これはとても心強い摂理です。「正直者はばかをみる」とか、「報われない努力」といったことが絶対にないことの保証だからです。

家や国にもカルマがある

ところで、因果、すなわちカルマには、もう一つ大事な側面があります。カルマは人間一人ひとりに働いているだけでなく、家、会社、国、さらには地球にも作用しているということです。つまり家には家系のカルマ、会社には会社のカルマがあり、国や地球にも、国のカルマ、地球のカルマというものが存在するのです。すべてのたましいが元来一つである以上、カルマも相互に無関係ではあり得ません。「類魂の法則」で書いたように、私たちはすべて広義の類魂です。

「自分の行いや思いが自分の人生を左右するところまでは実感できるけれど、国や地球のことまではピンと来ない。私にはそんな大きな力はないから」などとは思わないでください。あなたのカルマは、あなたの暮らす国のカルマとなり、ひいては地球のカルマとなるのです。そして、地球のカルマは、各国のカルマとなり、一人ひとりの人間のカルマとなります。

日本に生きる私たちは、日本という国のカルマを背負っています。現在の地球環境の悪化も、経済の不況も、さまざまな社会不安も、今までのツケによって表面に出てきた日本のカルマであり、私たちがともに学ばなければならない課題です。非常に大規模な国のカルマというものを、私たちは分担して背負っている仲間なのですから、責任を押しつけ合わず、どんな問題もともに考えていかなければなりません。

たとえば今の日本には就職口が少ないという問題があります。どんなに優秀で、努力を積んでいても、就職活動がうまくいかないという人も多いでしょう。努力というプラスのカルマを積んでいるのに、不公平だと思うかもしれません。しかしこれもまた日本のカルマです。そして次の「運命の法則」のところで書くように、私たちは、日本という国の、この時代を選んで生まれてきています。雇用不安という問題一つとっても、そこに私たち一人ひとりが考えねばならない問題があるのです。

逆の場合も考えてみてください。地球の幸せなくして、日本の幸せはあるでしょうか。日本の幸せなくして、個人の幸せはあるでしょうか。地球のカルマ、日本のカルマを果たしてこそ、私たちの幸せはあるはずです。

どこか遠い国で起こっている惨事も、地球環境が破壊されつつあることも、私たちは自分自身の責任として、自分自身の痛みとして、感じながら生きていかなくてはならないのです。

七、運命の法則

運命と宿命は別

「運命」という言葉があります。世の中には、自分の人生を既に決められたものとし、何事も運命のせいにする「運命論者」がいます。テレビや雑誌でも、占い師などが「あなたの運命は決まっている！」などと語っています。

しかし、あなたの運命は決して一つに定められているものではありません。「波長の法則」、「因果の法則」からわかるように、あなたの人生の流れはあなた自身が作り出すものなのです。これが、「運命の法則」です。

もしあなたの運命が既に決められているのなら、この現世に生まれてくる理由など何もないことになります。あなたは決められた通りの人生をだらだらとただ生きていけば良いのですから、努力をする必要も悩む必要もありません。

しかし人生はそのようなものではないのです。あなた自身が自由意志で決めていくのが人生であり、生きることの喜びです。

今あなたに起きていることは、すべては今までのあなた自身が作り出した現実にほかなりません。そして今後の人生を作り出していくのも、すべてあなたの自由意志です。幸せになりたければ、波長を常に高くし、良いカルマをたくさん蒔《ま》けばいいのです。誰もが自分自身を「責任主体」とし、幸せな人生を作る自由を持っているのですから。

しかし人生には、変えることのできないものもあります。それは生まれたときから決まっていた要素、すなわち「宿命」と呼ばれるものです。

たとえばあなたが女性、あるいは男性として生まれたこと。その事実は変えようがありません。生まれ持った体質や容姿もまた、「宿命」です。さらに、あなたがあなたの家族のもとに生まれてきたこと、日本人なら日本人として生まれてきたこと、今という時代に生まれてきたことも「宿命」です。

こう書けば、「やっぱり人生のほとんどは、自分の意志ではないものによって決められているんじゃない」と思う人がいるかもしれません。

けれども霊的視点ではこう言えます。「宿命」さえも、生まれる前にあなたが決めたこと。あなた自身のたましい、ひいてはあなたの類魂が決めたことなのだと。

霊的視点で見れば、あなたが楽に生きられる環境は、あなたにとって何も学べない環境だと言えます。何の苦難も摩擦も経験できない環境を選んで生まれたら、その人生は学びの少ないものとなってしまいます。

あなたが生まれたのはたましいを磨くため。この世で多くのことを学び、感動し、たましいを浄化向上させて、あなたの類魂を大霊に少しでも近づけるためでした。

そのためには、あなたのたましいの濁った部分を徹底的に磨ける環境が、人生の設定として選ばれなければいけません。そうして選んだのが、ほかならぬあなたの性別や体質であり、国籍や時代であり、家族なのです。これらはあなたの筋肉の弱い部分を鍛えてくれるトレーニング・マシーンのようなもの。あなたはこのマシーンにみずから挑むことにしたのです。真の幸せ、永遠の幸せをつかむために。

宿命を受け容《い》れて生きる

では、生まれ持った「宿命」と、実際の人生の中で作り出していく「運命」の関係を、どう考えたらいいでしょうか。

私はよく、それを説明するときに、ケーキのスポンジとデコレーションの関係にたとえます。スポンジは宿命、デコレーションは運命です。既に決まっているスポンジの上に、自由にデコレーションしていく。これが人生なのです。

デコレーションを考えるときは、みんなと同じがいいとか、少しでもみんなに羨《うらや》ましがられるようなデコレーションがいい、といった発想は禁物です。みずからのスポンジにも、必ずぴったり合う、他にない独自のデコレーションがあるはずなのです。ですからスポンジの特徴をよくつかんで、それに合わせたデコレーションを考え出すことが大切。自分以外の価値観を基準に考えたデコレーションをしたのでは、何ともちぐはぐで不気味なケーキになってしまいます。

たとえば、しっとりとしたきめ細かいスポンジなら、シフォンケーキのようにクリームを薄くぬる程度のシンプルなデコレーションでいいでしょう。パサパサしたスポンジだったら、その欠点はクリームをこってりとぬることでカバーできます。フルーツを載せればもっと美味《おい》しそうなケーキになるでしょう。どんなスポンジも、その特徴を生かすことで、必ずすてきなケーキに仕上げることができるのです。

人生もこれと同じで、決まった宿命の中で最高の人生を生きようと思ったら、自分の宿命を理解し、受け容れることが第一歩となります。そしてその特徴を生かしてこそ、幸せな人生をつくっていけるのです。

「あの人のスポンジならよかったのに」、「こんなスポンジでは幸せになれっこない」

などとぐずぐず言っていては、人生の時間が無駄にすぎていくだけ。早いうちに「よし、このスポンジを最高のケーキに仕立ててみせる！」と肚《はら》をくくれた人ほど、充実した人生を送ることができるのです。

宿命と運命の関係は、学校生活にたとえることもできます。

あなたがある学校に入学したとします。あなたはその学校で学びたくて、みずからの意志で一生懸命に受験勉強しました。そして努力が報われ、入学することができました。その学校で既に決まっている制服、校則、授業のカリキュラムを「宿命」とすると、その学校であなたがどう過ごすかは、「運命」です。

中学時代や高校時代のクラスメイトたちを思い出してみてください。同じ学校に通っていても、過ごし方はさまざまだったと思います。これと同じで、人生という学校でも、懸命に勉強して良い成績を挙げることもできれば、部活動に熱を入れることも、たくさんの友だちを作って友情を育《はぐく》むこともできます。自分で望んで入った学校であるにもかかわらず、不満ばかり言いながら過ごすこともできるし、つまらないからと毎日サボることもできます。その学校（宿命）でどんな経験をし、どれだけ有意義に過ごすかは、ひとえに一人ひとりの自由意志にかかっているのです。

人生も同じ。一定の宿命のもとに生まれたあなたの人生には、無数の過ごし方があります。今日からこの世を去る日まで、どのような人生を歩むかも、すべてあなた次第なのです。

八、幸福の法則

霊的法則は真の幸せに導いている

ここまでの七つの法則をふり返ってみましょう。

あなたは永遠に生き続ける霊的存在であり（霊魂の法則）、たましいを磨いて大霊に少しでも近づけるよう、ひたすら浄化向上を目指しています（階層の法則）。そのためにあなたはこの世に生まれ、自分の波長やカルマが引き寄せたものを通じて、多くを学んでいます（波長の法則、因果の法則）。

より多くを学ぶためには、まずあなた自身の宿命を受け容れ、運命の仕組みを知ることが大切です（運命の法則）。人生の旅には苦難がつきものですが、どんなときもあなたは守護霊や類魂の愛に包まれています（守護の法則、類魂の法則）。

これらの法則は個々に独立してではなく、渾然《こんぜん》としてからみ合い、相互に作用し合いながら働いています。どれ一つ欠けても霊的真理を語ることはできません。そして霊的法則は、時間的にも空間的にも、私たちの想像が及ばないほどの大きな規模で、しかも一つの見落としもなく正確に働いています。

いったい、このような大がかりな法則が働いているのは何のためなのでしょう。もうここまで読んでおわかりのとおり、すべてのたましいが、やがていつか大霊、つまり神と一つになるためです。これを個人レベルでひらたく言えば、霊的法則は私たちが真の幸福を得るために働いているのです。これが、「幸福の法則」です。

一般に考えられている「幸せ」は、この世の視点で考える「幸せ」であり、物質的価値観に基づいていることがほとんどです。しかし、霊的視点で見た幸せは違います。ときには苦難に遭い、試練を克服しながら、愛を学び、みずからのたましいの濁りをきれいにしていくこと。それこそがたましいの真の幸せであり、神に近づいていく唯一《ゆいいつ》の道なのです。

このように書くと、「大霊に近づくことなんて、私は別に望んでいない」と思う人がいるかもしれません。それよりも、今すぐすてきな恋人を見つけることや、棚ぼた式にお金持ちになることを「幸せ」として望むかもしれません。「波長の法則」も「因果の法則」も、ただ厳しいだけに思えるかもしれません。霊的真理をよく理解できないうちは、それもある程度は仕方のないことでしょう。

では逆を考えてみましょう。たとえば「因果の法則」が働かない世界を想像してみてください。

あなたはどんなに悪いことをしても、人をつらい目に遭わせても、仕返しを受けることもなければ、同じ目に遭って自分のしたことを思い知らされることもない。自分の欠点にいつまでも気づかされませんから、人に迷惑をかけ続けながら一生を過ごしていきます。一見、喜ばしいことに思えるかもしれません。欲望を叶《かな》えたい放題の、楽な人生に思えるかもしれません。でもこれは、大霊に見放された状態なのです。

あなたは罪を犯したまま、歪《ゆが》んだ性格を持ったまま、「波長の法則」にしたがって、否定的なエネルギーの雪だるまのようになっていきます。未浄化霊や邪霊も寄り集まって来て、守護霊や神様の光のメッセージなど、まるで届かなくなってしまいます。それは周囲にも波及し、この世の人間たちは堕落していく一方になります。

こうした地獄の状態に比べ、「因果の法則」があるおかげで私たちが自分のどんなに小さな間違いにも気づかされることは、とても幸いなことだと思いませんか。私たちがどんなに逃げようとしても、その間違いを改められるまで必ず挽回《ばんかい》のチャンスを与えられるのですから、とても心強いと思いませんか。

「因果の法則」は向上を約束している法則、幸せを約束している法則なのです。たとえ落ちこぼれであっても、私たちが天使であり続け、いずれは必ず神に帰するのだということを絶対的に保証している、ありがたい法則なのです。

与える人生こそ幸せな人生

霊的視点で見ると、他人に対する見方が変わってくると思います。

「階層の法則」や「類魂の法則」のところで、他人はみなあなたと同じ大霊の一部だと書きました。霊界においてはたましいはみなつながっているのですが、この世ではその部分部分が肉体という物質に宿るため、別個の存在になるのです。

なぜかと言えば、別々でいてこそ磨き合えるからです。ぶつかり合い、傷つけ合いながら、お互いに切磋琢磨《せっさたくま》していけるからです。物質界での他人も、霊的に見れば大霊を目指す仲間ですから、ともにたましいを磨くために出会い、お互いの成長を助け合っているのです。

あなたが愛を理解して、本当の幸せと出会うまでに、どんなに多くの人たちがあなたを助けてくれているか、数え切れないほどです。あなたを愛するという直接的なかたちで愛を教えてくれる人もいるでしょう。反対に、あなたを憎むというかたちで、かえってあなたに愛の大切さを教えてくれる人とも出会うことでしょう。

あなたを憎む人は、あなたに「憎まれることの悲しみや苦しみを教えてくれる人」なのです。あなたは憎まれた経験から、愛のすばらしさを知るチャンスをもらえたのですから、決してその人を憎み返してはいけません。その人は大事なことを教えてくれた上、あなたを憎んだという負のカルマを背負ってくれてもいるのです。あなたが愛を知るために、その人は、表面上はともかく、たましいの部分では苦しんでくれている。この事実を知らないといけません。

霊的真理を知り、つねに愛と思いやりを、まわりの人たちに施していきましょう。「してもらったから、してあげる」という受け身の姿勢ではなく、あなたが「まずはじめに」愛と奉仕の気持ちをまわりに与えることが大切です。

愛情がほしければ、自分から率先して愛情を与えられる人になり、幸せがほしければ、誰よりも先に幸せを与えられる人になることです。

もちろんそこに打算の気持ちがあってはいけません。「これだけ愛を与えたんだから、これだけ返ってこないとおかしい」という計算ずくの愛は、本物ではありません。打算も否定的なエネルギーなのです。

今こそ類魂としての自覚を

人間の想念は強力です。あなた一人が「憎しみ」の波動を放つだけで、必ず何らかの影響が生じます。それが仮に百人、千人といった単位で、今この瞬間に放たれたとしたらどうなるでしょうか。

それは大きな「憎しみ」のエネルギーとなり、目に見えるかたちをとって現実化します。さらにそこへ、「波長の法則」にしたがって低級霊までもが感応します。その結果が、今の世の中にはびこる通り魔殺人、暴動、戦争、自然破壊だと、残念ながら言えるのです。地球上がまさに今、低級霊のすみかとなりつつあるのです。

今の日本や世界の状況を見ていると、一刻も早くみんなが波長を高くし、よい種を蒔《ま》かなくては間に合わないところにまで来ていると思いませんか。

「類魂の法則」で書いたように、人類はすべて広い意味での類魂です。今、どんな状況も自分自身のこととして受けとめ、考え、ともに改めていく感性が必要とされています。遠い国の戦争も、日本のどこかで起きた事件も、無関心でいてはなりません。身近な社会現象にも同じことが言えます。隣の家の問題も、友だちの悩みも、他人事《ひとごと》とは言い切れないのです。

すべての存在はもともと一まとまりの類魂であり、ともに神を目指して向上している仲間である――。このたった一つの叡智《えいち》をみなが得ることが、どれだけ世界を救うことになるか測り知れません。私たち一人ひとりが救世主であることをしかと自覚することが、今まさに急務なのです。

第三章　私がスピリチュアルな人生に目覚めるまで

一、霊との出会い

霊的体質の強い子ども

霊というものの姿を生まれて初めて視《み》たのは、十歳の時のことでした。霊的体質は生まれつき強かった私ですが、それまでは予知をしたり、オーラを視たりする程度に留まっていたのです。

私は東京の下町のごく普通の家庭に生まれ、厳格な父と信心深い母、七つ年上の姉のもと、待望の男児としてかわいがられて育ちました。

そんな私にどこか不思議なところがあると家族が気づいたのは、私が四歳になるかならないかの頃でした。出かけようとしている父に、後で父がけがをして帰ってくることを懸命に訴えたり、火鉢の上のやかんから煙が出ている様子を母に訴えたり。そのたびに「嘘《うそ》をつくのはやめなさい」とたしなめられたものでしたが、その後ことごとく私の言葉通りのことが起きてしまうのです。

私には母親の胎内にいた時や、赤ん坊の時の記憶が鮮明にあるので、その頃見たり聞いたりしたことを話して、まわりを困惑させたこともありました。

家族は不思議に思いながらも、何かの偶然として聞き流していたようです。ところがある時、私はとうとう偶然では片づけられない、大きな出来事を予知してしまいました。

それは父親の死でした。はっきりとそうわかったわけではありません。ただ父親の背後に、得体の知れない大きな「闇《やみ》」が広がるのを見て、「お父さんが遠くへ行ってしまう」という思いに襲われたのです。

いつも甘えていた大好きな父親に近づけなくなり、私はただ泣くだけでした。当の父親も、そんな私の変化に戸惑うばかりだったようです。父が仕事場で倒れ、運ばれた病院で帰らぬ人となったのは、それから三日後のことでした。

あの時父の背後に広がっていた闇の正体は、大人になってから「オーラ」であったことがわかりました。人間はオーラという霊的エネルギーを放っており、その色はエネルギーの性質によってさまざまです。死を迎える人のオーラは黒なので、幼い頃の私にはそれが闇のように視えたのでしょう。

小学校に入った頃は、このオーラのおかげでずいぶん大変な思いをしました。背の高かった私は、教室の一番後ろの席に座っていたのですが、前の席の子どもたちのオーラが色とりどりに輝いて視えて、黒板が見えなかったのです。

こうした光は誰にでも視えるものと信じていた私は、先生に「前の人たちの光で黒板が見えません」と言ってしまいました。先生は光の反射のためだろうと思ったらしく、カーテンを閉めてくれました。ところが教室が暗くなると、ますます子どもたちの精神が統一され、オーラの輝きがさらに強くなるのです。子どもだけに正直だった私は、また先生に「もっと眩《まぶ》しくなりました」と言ってしまいました。

身体《からだ》に異常があるのではないかと、保健室から病院へ送られたりもしましたが、当然ながら異常なし。私は嘘つきと見なされました。気の毒にも母親まで学校に呼び出され、「家庭での愛情が足りないのでは」と、指導を受けてしまいました。

母はそんなことがあった時も私を叱《しか》らず、「人に迷惑をかけてはだめよ」とだけ、優しく諭してくれたものです。この頃から私は、自分に視えているものがすべて他人にも視えているとは限らないことを悟ったのでした。

以来、オーラのことなど口にしないように努めました。しかし、オーラや超常現象に関する知識など何もなかった私には、自分だけに視えているらしいものをどう解釈していいのかわからず、不安と孤独でいっぱいだったことを今でも憶《おぼ》えています。

私の霊的体質は、その後も強くなる一方でした。幼かった私の心はとても純粋で敏感でしたから、人混みなどに出ればさまざまな人々の苦悩や悲しみ、憎しみの想念に感応してしまい、そのたびに具合が悪くなったものでした。外出から帰った後はいつも、一時間は横にならないと頭痛や発熱がおさまらないほどでした。いわば強度の「憑依体質《ひょうい》」だったのです。

何度病院で診察を受けても、異常は認められません。母はずいぶん心配したようでした。今ならそうしたエネルギーは自分で浄化できますが、当時は一方的に受けるばかりで、相当辛《つら》い思いをしたものです。この体質をようやく克服できたのは、二十歳になってからのことでした。

防空頭巾《ずきん》の親子との会話

十歳の時に初めて視たその霊は、防空頭巾を被《かぶ》った親子でした。通学路の途中にある交番の前に、母と子が二人でよく立っていたのです。私が見えないのか、二人はこちらに向かって走ってきたかと思うと、私をすり抜けて行くのでした。

幽霊に関して知識があれば、この二人がもしかするとそれなのかもしれない、と考えたかもしれません。けれども当時の私は、まだ十歳にしかならない子どもです。しかも私の目に映る二人の姿は、その頃の私が漠然と思い描いていた「お化け」のイメージなどではなく、はっきりとした実在感を持って白昼の町に立っているのでした。

そのためか、恐怖感もまるでありませんでした。

ただ何となく、二人がこの世とは違う、どこか隔てられたところにいるような印象は感じられました。あるいは私自身が、二人のいる異次元に入り込んだような感覚でもありました。「この奇妙な格好をした人たちは、いったい何なんだろう」と、いつも不思議に思いながら、私はそこを通り過ぎていたのです。

ある日、ふと私は二人のことを思い出し、かわいそうだなあと思いました。するとその晩、防空頭巾の親子がさっそく私の寝ている部屋にやって来たのです。何かを訴えるような悲しげな目をした女の子に、私は勇気を出して「何をしているの？」と尋ねてみました。

すると彼女は「家族の行方がわからないの。どこへ行ったら安全なの？」と言うのです。二人はまだ戦時中のままの意識でいるようでした。私はただ、「戦争はとっくに終わったんだよ！　早く天国へ行って！」と、くり返し二人に言い聞かせることしかできませんでした。

この晩の出来事は、誰にも話せませんでした。たった一人で、どう理解すればよいのかと苦しんでいました。

あの二人は、いったいどういう存在だったのだろう。もしすでに死んでいる人たちならば、なぜいまだに交番のあたりを走り回っていなければならないのか。いつも祖母からは、死んだ人は天国に行くものと聞かされているのに。

必死な形相で逃げ惑う二人を思い出すたび、かわいそうに思えてなりませんでした。

私が住んでいた下町では、東京大空襲の時に大勢の人たちが亡《な》くなっています。今思えばあの親子は、その空襲で亡くなり、あの世へ行けずにさまよっている霊だったのでしょう。しかし当時の私には、ただ不可解に思えるばかりでした。

自分なりの答えが出せないまま、私は中学生になりました。

母が遺《のこ》した言葉

中学生になると、霊的現象はさほど多くなくなりました。霊的体質は相変わらずでしたが、それ以外はほかの子どもたちと何ら変わらない、活発な少年でした。

そんな平凡な毎日の中で、私はまたも大きな悲しみに襲われたのです。

ある朝私は、身内の葬儀に参列する夢を見ました。何となく不吉な思いですごしていると、間もなく母が倒れてしまったのです。病院での診断は末期癌《がん》。半年の闘病生活の末、帰らぬ人となりました。

後になって思えば、母にも予感があったのでしょう。人生を振り返りながら思い出話をしたり、私に対して先々の心構えを話したりすることが、倒れる少し前から増えていたように思います。

入院後しばらくたったある日も、病室で二人きりになった私に、母は私に人生で大切な諸々《もろもろ》のことについて語り始めました。人を思いやることの大切さ、自分の行いに責任を持って生きることの大切さ、人に頼るのではなく自分から与えることを喜びと感じて生きるべきであるということ。そしてはっきりと、こう告げたのです。

「私はもうすぐ死ぬ。お前は、自分を一番大切にしてくれる母親という存在を失ってしまうのだから、自分のことは自分で守って生きるのよ。お前は十八歳までは守られる。でもその後は辛いこと、大変なことがたくさんあるでしょう。決して負けてはいけないよ。明るさを失わず、自分の力で生きていきなさい」

母の心の眼には、まるで私の今後の人生が視えているかのようでした。翌日から母は意識不明に陥り、一週間後に臨終を迎えました。

私を襲った深い悲しみは、父親ばかりか母親をも喪《うしな》ってしまった自分自身に対してだけではありませんでした。二人の人生のはかなさを思うと、やりきれない思いでいっぱいだったのです。

父親は、幼少時から家族との縁が薄く、他人に育てられた人でした。大人になると単身で上京し、地道に努力を重ねる日々の中で母と出会い、子どもにも恵まれ、ようやく愛情に満ちた家族を築くことができたのです。しかしそれも束《つか》の間、三十代でこの世を去りました。

母も幼くして自分の父親を喪い、貧しい境遇で苦労しながら育った人でした。その母にとってもようやく手にした温かい家庭だったのに、三十二歳で未亡人となってしまったのです。その後、がむしゃらに働きながらも明るい笑顔を失わず、私たち姉弟を一人で育ててくれた母。再婚の話があっても、わが子の父親はただ一人だと、ひたすら断り続けていた母。

「この二人がいったいどんな悪いことをしたというのだろう。ただでさえ幸薄い人生だったのに。この世はあまりにも無情ではないか」

私はやり場のない怒りに震えました。まだ十代半ばだというのに、私は、人の一生とは何のためにあるのかと、深く考えずにはいられませんでした。

考え抜いた末の確信

母の死後、私と姉は二人で力を合わせて生き始めました。その姉も二年後に結婚しました。高校二年生の私を一人残して嫁ぐことに、姉はずいぶん悩んだようです。しかし私は姉の結婚に賛成でした。姉の幸せを妨げるわけにはいきませんでしたし、何よりも、悲しみの日々の中に一つでも喜びが欲しかったからです。

心細い一人暮らしが始まりました。自分自身の責任をすべて担《にな》う人生の始まりです。何度孤独を感じたかわかりません。家事をしてくれる人もいなければ、帰宅を待つ人もいません。朝起きて、自分で自分のお弁当を作って学校に行くという味気ない毎日。夕食も、もちろん一人ぼっちです。温かい家庭に恵まれた友人たちが羨《うらや》ましく、「なぜ自分だけがこんなに寂しい思いをしなくてはならないのか」と、いつも心の中でつぶやいていました。

それでも私は誰からも明るい性格と見られ、寂しい境遇を感じさせなかったようです。生来の楽天的な性格からでしょう。先生や友人に恵まれ楽しい高校時代でした。

しかしそんな私に、またしても心霊現象が頻繁に起き始めたのです。

十七歳の時には、人生でもっとも恐ろしい霊体験をしました。ある日の深夜、眠っていた私は、ひどい耳鳴りと金縛りに襲われて目を覚ましました。必死に手足を動かそうとするのですが、どうしても動けません。奇妙なことに胴だけは動かせるので、胴だけで隣の仏間へ這《は》って行くと、仏壇の横の白壁に蒼白《あおじろ》い不気味な男の顔が浮かんで、私を見つめてさも可笑《おか》しそうに笑っているではありませんか。

この後の三日間は、恐ろしさのあまり家に帰れず、友人宅に泊めてもらいました。防空頭巾の親子を視た時と違い、この頃には、私にも心霊現象に関する知識はある程度入ってきていました。心霊写真ブームもありましたし、マンガやテレビ番組でも、霊に関することは盛んに取りあげられていました。

しかし私は、自分が視てきたものが世間で言われている「霊」であると、単純に信じたわけではありませんでした。この世の人間でなければ即《すなわ》ち幽霊だと、ごく素直に思う人もいるかもしれません。けれども私の性格上、そうはいきませんでした。私は生来、何事も疑うところから始めるという性向を持っているのです。

十歳の時に視た防空頭巾の親子は、この時代の人たちでなかったのは確かです。しかしだからといって彼らが「霊」であると言えるのかと、私は執拗《しつよう》なまでに考え続けていました。

一つの可能性として、あの親子のエネルギーの残像を視ていたのかもしれないと、私は考えました。人間は肉体のほかに目には見えないエネルギーを持っていて、ある場所に長くいると、そこを去ってもしばらくその人のエネルギーが残存するのです。人間のさまざまな超能力の中には、この残像のエネルギーを視る能力というものがあると、その頃私は知りました。ある場所で過去に何があり、どんな人が生きていたかを読み取る能力です。

とすると、私が視たのも霊ではなく、かつてそこにいた親子のエネルギーだったのかもしれない。そう考えてみました。

しかし、考えに考え抜いた末、私の中ではっきりと結論が出ました。決め手となったのは、防空頭巾の親子と自分が意思の疎通《そつう》をしていたという事実です。あの晩、私の部屋を訪ねてきた親子とは、確かに会話をしました。その後会ったたくさんの「存在」とも、必ず意思のやり取りがありました。つまり、こちらの問いかけに対し、つねに何らかの反応が返ってきていた。そのことは、その「存在」の個性の存続を示す何よりの証拠であると考えたのです。ただの残像であれば、こちらと意思のキャッチボールはできなかったはずではないかと。

私が視てきたものは、したがって世間で言う「霊」に違いない。ようやく私は確信に至ったのです。

ものごとは白か黒かに決められない

私はつねづね不思議に思うのです。世の中の人はなぜ、ものごとをすぐに、白か黒かのどちらか一方に決めたがるのだろうかと。

霊的な話題に至っては、その傾向はますます顕著になります。目に視《み》えない世界を受け容《い》れる人と、受け容れない人にはっきり分かれ、あたかも二つに一つしかないかのようです。

受け容れるほうの人の中には、きちんと分析せずに割と簡単に信じてしまう傾向が見受けられます。一方の受け容れない人の中には、検証もせずに頭ごなしに否定するという、科学的とは言えない姿勢が感じられます。

私という人間へのとらえ方も両極端に分かれるようです。目に視えない世界を無条件に受け容れすぎる人は、私を時に神がかった人、ありがたい人と崇《あが》めます。ごく普通の人間を自認している私としては、ただ当惑するばかりです。

逆に否定派には、私は何でも信じやすい単純な人間であると思われてしまうようです。よく言えば柔軟、悪く言えば思い込みの強い、おめでたい人といったところでしょうか。

しかし、十歳の時に視た親子を霊と結論づけるまでに約七年かかったことにも表れているように、私自身は徹底した懐疑主義者です。何でも自分で合点がいくまで思考し、探究し、自分の中で結論を出さなければ絶対に納得しない質なのです。

つまり私自身は、両極端のどちらでもない、その間の宙ぶらりんな位置にいる人間です。何事も「へえ、そうなんだぁ」と受け容れることがない代わりに、頭ごなしに否定することもありません。白か黒か、あるいはゼロか百かのどちらかに決めることはせず、その中の細かいパーセンテージを見きわめていく習性が、私のたましいの個性の中にあるのです。

たとえばある霊能力者が、テレビの心霊番組でいかさまをやっていたことが明るみに出たとします。すると世の人の多くは、霊的なこと全般を「嘘《うそ》」と思ってしまいがちです。

確かに心霊番組の中には、私自身の経験や心霊的な常識からしたら「こんなの嘘」とすぐにわかってしまうものがあります。私などもそうした番組は必ず疑いの視点から見ています。でも、たとえいかさまがばれたところでその霊能力者の能力を全面的に否定したりはしません。一部分は本当だったりすることもあるからです。

霊能力者がいかさまをやってしまう背景には、まず、番組の中でどうしても辻褄《つじつま》を合わせようとしてしまう、人間としての弱さがあるでしょう。もう一つあるのは霊的なことに関する勉強不足です。きちんと学んでいないために間違ったことを語っている霊能力者は、実によく見かけます。

たとえば「霊が視える」と言っている霊能力者が、霊ではなく先のような過去のエネルギーの残像を視ていることがある。霊ではない以上「霊が視える」という発言は間違いですが、通常の肉眼では見えないものを感知していること自体は事実です。

あるいは「あなたのおじいさんが、守護霊になって守っていますよ」と霊能力者が話しているとします。しかし「守護の法則」のところに書いたように、おじいさんが孫の守護霊になることはあり得ません。したがってこの発言は誤りです。ただ、守護霊を補助する存在として見守っている場合があるのは事実。その補助霊が霊能力者には視えているわけですから、まったく間違っているわけではないのです。

このようにものごとを微細なパーセンテージで見極めていく習性は、私の生まれ持ったものです。

十代の頃の心霊体験についても、私はまず疑い、考え抜き、確信しながら、一つずつを消化していきました。

人生に対する不満と疑問

もの思う青春期の私が考えていたことは、何も霊のことばかりではありませんでした。それはほんの一部であって、私の心の圧倒的部分を占めていたのは、人生に対する深い疑問と不満、そして不公平感でした。

人はなぜ生まれ、なぜ苦しみを持ち、なぜ生きていかなければならないか。世の中にはなぜ、苦しみの多い人と少ない人、不幸な人と幸せな人がいるのか。

両親も姉もいなくなった一人暮らしの部屋で、私は苦悩したものでした。

同じ年頃の友だちのように、なぜ自分には甘えさせてくれる両親がいないのだろう。なぜともに支え合い、笑い合う温かい家庭がないのだろう。

不平不満を言ったらきりがないくらいでした。

世の中全体が貧しく不平等だった過去の時代の人なら、それを自分のさだめとし、当たり前のように耐えていけたのかもしれません。まわりを見ても、みな同じように苦労している人ばかりだったでしょう。けれども現代に生きる私には、「自分だけがなぜ」という不公平感が募るばかりでした。

高校時代から身のまわりのことは毎日自分でしていましたし、大学に合格したところで「おめでとう」と祝ってくれる人もいません。入学前のこまごまとした準備もすべて自分自身でしなければなりませんでした。まわりの友だちが親のすねをかじって楽しんでいた青春時代の娯楽とも、まったく縁がありませんでした。ことあるごとに自分はみんなと違うんだということを思い知らされていたのです。

人間の持つ冷酷な面もたくさん見てきました。人というものは、血を分けた家族は大事にするけれど、他人に対しては家族同様にというわけにはいきません。それは悪気のないことですし、ある程度までは人間として当然とも言えるでしょう。けれども、親がいないからということで粗末に扱われ、差別を受けることさえあったのには、どうしても納得がいきませんでした。

親がいないのは子どものせいではありません。それなのに私が出会った大人の中には、「江原君は親がいないからね」と平気で言う人がいたものです。この言葉を聞くことが、私にとって一番悔しいことでした。

そのため私は、人に対するマナーに人一倍気を遣うようになりました。普通は親がしてくれることを自分でできるように、早くから大人並みの心がけを持つように努めました。「親がいないから」と後ろ指を指されたくない一心で、今思えば非常に神経質になっていたと思います。

世間の冷たさにやり場のない怒りを覚えたのは、死んだ両親をも思ってのことでした。二人にしてみれば、子どもである私は宝だったのです。かわいがって大事に育てていた私が粗末に扱われていることをあの世で知ったら、親としてどれほど切ないことでしょう。そんなことも考え、子どもながらに胸を痛めていたのです。

もちろん、人の心の冷たさばかり見てきたわけではありません。温かさ、優しさもたくさん見てきました。親がなくてもこうして今、私は大人となって生きているからには、多くの親切な人たちと出会い、支えられてもいたのです。そのありがたさは今も骨身に染《し》みています。

いずれにしても、私は同じ年頃の子どもたちに比べ、あまりにも早いうちから人間の心というものを学べる状況に置かれてきたようです。尊い天使の部分、冷酷な悪魔の部分。その両極端を、さまざまな人の中に見てきました。そこにも私を育てている霊界の方々の意図があったのでしょう。

大人たちの曖昧《あいまい》な人生哲学

こうして私は、自分自身の経験から、人生を一つひとつ学び取っていきました。

一人で苦悩していた私に、励ましや導きの言葉をかけてくれる大人がいなかったわけではありません。しかしまわりの大人が言葉で語る人生観からは、何一つ私の疑問は解けませんでした。

父親を亡《な》くした四歳の頃から、まわりの大人たちは私に言ったものです。「真面目《まじめ》に生きれば、いつかきっと報われるよ」。

いったい誰から「報われる」と言うのでしょう。

そもそも「真面目に生きる」とはどのような生き方なのでしょう。古い因習にしたがって生きることでしょうか。法律に背かないように生きることとでしょうか。あるいは、何かの宗教の教義を守って生きることでしょうか。これらが「真面目」なことなのでしょうか。しかしどれもが、すべての国、時代、宗教の人に通じる普遍的なものではありません。

「良心を持って正しく生きなさい」ともよく言われましたが、「良心」、「正しく」とは、いったい誰が決めた、どのようなことを指しているのでしょうか。

私が偏屈なのかもしれませんが、世の中の大人たちは、自分でもよく理解できていない曖昧なただの言葉に、何となく酔いしれて生きているのだという気がしてなりませんでした。

大人たちが私を慰めるために言う、「世の中にはもっと大変な人がいるのだから、頑張らなければいけないよ」という言葉も、私はとても嫌いでした。なぜなら、この言葉には「人は何のために苦労をするのか」という根本的な問いに対する答えが含まれていないからです。それればかりか、「あなたよりもっと不幸な人がいるから安心して大丈夫。もっと惨《みじ》めな人がいてよかったね」という、差別的なニュアンスさえ含まれているように思いました。

ならば、全世界で一番大変な人には何と言って慰めたらいいのか。それを言うなら、私より楽な人もいるのだから、私ももっと楽でも良いではないか。皮肉まじりにそう思ったものでした。

この時期に、人生に対するこうした不公平感と疑問の一つひとつを執拗なまでに考え抜いてきた経験は、今では私の宝とも言えるものです。自分の頭で考えてきたことは、すべて私の身になっているからです。

スピリチュアルな人生に目覚めるのはまだまだ先のことですが、この頃の徹底的な思考がなければ、後に「地図」を手にした時の感動は、あれほど鮮やかではなかったかもしれません。

二、見えない手に導かれて

霊現象に見舞われた日々

やがて私は、母が予言した「十八歳」を迎えました。

高校卒業後、私は大学進学という幸せに恵まれ、通学しやすいよう大学の近くに引っ越しました。

その頃からです。心霊現象がよりいっそう頻繁になってきたのは。

それまでは、霊を視《み》ると言っても年に数回あった程度で、それ以外はごく普通にすごせていたのです。ところが十八になった頃から、ひっきりなしに霊の存在を感じるようになってしまいました。行く先々で霊と出会い、まともな生活などとてもできなくなってしまったのです。視える程度で済めばいいのですが、霊たちはいつも私に訴えかけ、襲いかかってくるのでした。私はそのたびに霊が憑《つ》いている部屋のせいだと考え、一年の間に四度引っ越したこともありました。

しかし、いくら環境を変えても、心霊現象は一向におさまりません。生来の憑依体《ひょうい》質もいっそう強くなり、霊を視るたびに具合が悪くなって寝込む日々。

はじめのうちは友人たちも慰めてくれて、気晴らしにドライブに誘ってくれたり、なんとか正常な暮らしに戻れるようにと支えてくれました。けれども心霊現象はひどくなる一方。ポルターガイスト現象（騒霊のこと。物品移動などの現象を伴う）も起こり始めました。私の予知がことごとく現実化するようになりました。ついには友人たちまで、心霊現象を知覚できるようになってしまいました。

一人、二人と、友人たちは去っていきました。嫁いでいる姉に頼ることもできませんでした。私は何をどうしたらいいかわからず、本当に苦しく、孤独でした。

まともな毎日を送れずにいるうち、経済的にも苦しくなり始めました。せっかくの大学生活が維持できないどころか、食べることもままならなくなってきたのです。芸術方面で生きていこうという子どもの頃からの夢さえ、目の前から消えようとしていました。

警備員をしていたアルバイト先で知り合った修行僧に、ある尼僧を紹介されたのはこの頃です。

霊媒でもあったその尼僧は、私を見舞う霊現象を「成仏《じょうぶつ》できていない先祖のせい」

と断言しました。私は因縁が強く、生きているのが不思議なほどだとも言いました。

確かに私は、亡《な》くなった父母のことは敬っていても、先祖のことをあまり考えたことはありませんでした。苦しい状況から逃れたい一心で、疑い深い私もこの時ばかりは尼僧の言う通り、毎日懸命に先祖供養《くよう》をしました。しかし霊現象はおさまるどころか、ますますひどくなっていくのでした。

どんな苦難も受け容《い》れ、精一杯生きてきた私ですが、もう限界です。

とうとう自棄《やけ》になり、心に決めました。先祖が良かろうが悪かろうが、神や仏がいようがいまいが関係ない。自分自身が納得できる何かを、とことん探し出してやろうと。

それから何人の霊能力者に会ったことでしょう。霊能力者と呼ばれている私が、かつては霊能力者めぐりをしていたとは、今考えるとおかしな話です。しかし渦中にいた時は必死でした。

しかしどの霊能力者も、私を見舞った心霊現象の意味を、納得のいく言葉で解いてみせてはくれませんでした。まして、私が抱えていた人生に対する疑問や、今までの私の人生の意味を解き明かせる霊能力者など皆無でした。

たかだか十分の面会で、語ることと言えば、「先祖を供養しなさい」、「これは因縁ですね」。いったいそれだけで納得する人などいるのだろうかと、私は不思議でなりませんでした。でも、それで成り立っている霊能力者がたくさんいるのだから、世の中には恐らく素直に納得してしまう人がたくさんいるのでしょう。しかし既に書いたように、私は自分の性格上、徹底的に哲学しないと気が済みません。

こうした虚《むな》しい面会の連続で、ただでさえ苦しいのに、どんどんお金が出て行きました。費やした時間も相当なものでした。気持ちばかり焦《あせ》りました。しかし私は、こうなったらもう意地とばかりに、なおも霊能力者めぐりを続けたのです。

自分自身のこの時の経験から、今でも私は世の霊能力者をあまり信じていません。私が言うのも変ですが、霊能力者をいかがわしいと思う一般の人の気持ちも、自分の経験から実によくわかるのです。そして今は自分が霊能力者ですから、霊能力者側の立場や気持ちもよくわかります。

要するに、霊的世界に通じている霊能力者と、現世の中で生きている一般の人の間には、どうしてもかみ合わないものがあるのです。かみ合わせようとすると無理が生じ、そこに間違いが起こるのです。

正しく調和させていくには、どうしてもその両者の橋渡しをする何かが必要になります。それが、「人生の地図」なのです。

このことについては後に詳しく書くことにしましょう。

明け方の不思議なビジョン

訪ね歩いた霊能力者の数が二十人になろうとする頃、私はいよいよ精神的にも金銭的にも追いつめられていました。この世に自分を納得させてくれるものが何もないならばもう人生に未練などない、自殺をしよう、とまで思い始めていたのです。

しかしあと一人、会ってみたいと思う霊能力者がいたのは、今思えば幸いでした。寺坂多枝子《てらさかたえこ》先生。ある本で存在を知ったとき、「ああ、この先生に会いに行こう。会いに行かなくては」と、閃《ひらめ》きにも似た気持ちで思いました。

寺坂先生に初めて会う日が近づいていた、ある朝のこと。

まだ夢うつつの状態にいた私は、ベッドが揺れたように感じて眠りから醒《さ》めました。まだ目は閉じていましたが、まぶたの向こうにとても明るい光が感じられます。

意識が戻るにつれ、目の前に大きなしゃぼん玉のようなものが左右に揺れているのがわかりました。その下には数え切れないほどの小さな半透明の人間が、うじゃうじゃと走りまわっています。まるで何かから逃げ惑っているかのように。

「いったいこれは何だろう?」と、ぼんやり考えていると、青紫色の光がすーっと近づいて来て、目の前でぴたっと止まりました。神々《こうごう》しいその光の中には、お地蔵さんのようなシルエットが視え、荘厳《そうごん》な声で私に語りかけてきました。

「ぬしはこの逃げ惑う者たちを見たか。ぬしはこれから、これらの者を救う手助けをしなければならない。それがぬしの役目じゃ。ぬしの生まれてきた目的であり、人生じゃ」

そう告げると、すっと消えてしまいました。

目を開けてから私は、「いったい今、何を見たんだろう？」と不思議に思いましたが、それ以上深く考えようとはしませんでした。この現象すら何かの呪《のろ》いだろうと思った程度でした。そして、どうせ死ぬと決めたのだから、その前にシルエットの正体をもつかんでやろうと考えたのでした。

二十人目の霊能力者

初めて会った寺坂多枝子先生は、とても厳格そうな年配の女性でした。

私は寺坂先生に、今までの霊能力者にもしてきた、ただ一つの質問を投げかけました。

「どうして今の自分があるのでしょうか」

　私が知りたいことは、本当にただそれだけでした。本物の霊能力者なら、たった一言の質問でも的を射た答えをくれるはずだとも思っていました。それに、既に会った霊能力者たちに失望させられ続けていたので、「今度もきっと無駄だ」という投げやりな気持ちがあったのも事実です。

　しかし寺坂先生は、それまでの霊能力者とは違っていました。いい加減な答えでごまかす代わりに、私が頼みもしないのに「では、あなたのお父さんとお母さんを出しましょうね」と言って、いきなり私の両親の招霊《しょうれい》を始めたのです。招霊とは、霊媒が自分の肉体に自分以外の霊をのりうつらせることで、この時の私には、見ることさえ初めての経験でした。いったい何が始まるのか、見当もつきませんでした。

　やがて寺坂先生の様子が変わったかと思うと、いきなり私の手をとり、大喜びしながら「久しぶりね」と言いました。そして、私にいろいろなことを語り始めたのです。その仕種《しぐさ》や性格は、亡き母そのものでした。

「本当に母の霊が、今ここにいるのだろうか」。例によって私は、にわかには信じられませんでした。それに、まだ十八の青年です。母の霊がそこにいるかどうかより、目の前で行われている奇妙なことに、ただひたすら圧倒されていました。

　霊媒などという存在は、それまでにテレビで一度見た程度。それを今、自分が目の前にしているなんて。テレビのスタジオのようにおどろおどろしい演出も何もない、真っ昼間の普通の部屋で、自分とちゃぶ台越しに座っているなんて。

寺坂先生には申し訳ないのですが、「気味が悪いなあ」という印象のほうが強かったのです。

しかし、やや気後れしていた私の気持ちは、しだいに驚きに変わっていきました。寺坂先生の口から出る言葉の中には、確かに「元気そうね」、「大きくなったわね」といった、母の霊でなくても言えそうなありきたりなものもありました。しかし母でないと分からない話も次々と出てくるのです。

きわめつきは「おじさんはかわいそうだったね。でも寿命だったのだから仕方ないね」という言葉でした。実は寺坂先生に会ったちょうどその頃、母のおじにあたる男性が浴室で心臓発作を起こし、そのまま誰にも気づかれずに亡くなったばかりだったのです。

当然寺坂先生には、そのことを知る由《よし》もありません。ですから寺坂先生がつくりごとを語っているのでないことは確かです。本当に母の霊が降りて来ているのだと、私はしだいに確信し始め、感動の涙があふれてきました。

それにしても母の霊が、おじが亡くなった状況などについて実に詳しく知っているのには驚きました。それはまさしく、母が今この時も、私や親族を見守っているという証《あかし》でした。

次に寺坂先生は父の霊を降ろしました。父も生前の個性のままで、私にいろいろな言葉をかけてくれました。父や母の死は単なる災いでも不運によるものでもなく、きちんと意味があったのだということも、この日の招霊で知らされました。

寺坂先生はその後、私の生い立ちの意味を見事に解き明かしてくださいました。出会ったばかりの先生の話を私が納得できたのは、先生には知り得ないはずの私のすべてを見事にお見通しだったからです。

この先生はどうやら信頼できそうだ。そう思った私は、今度は自分から、今までに起きた心霊現象について聞いてもらいたくなりました。そこでひと通り話し、「悪い霊に憑かれているみたいだから取ってください」と訴えたのです。

ところが先生は、意外にもこう答えるではありませんか。「あなたには取らなくてはならないような悪い霊は何も憑いていませんよ。持って生まれた能力のせいだから、仕方がないんです」

そして諭すように言いました。「その能力を消すことはできませんが、克服する道はあります。人格や想念の波長を高くすればいいのです。低い波長でいると低級霊に弄《もてあそ》ばれてしまいます。でも高い人格を持てば、高級霊を引きよせることができるのですよ」と。

さらに続けました。「苦しみを逃れるには勉強するしかありません。まず一人の人間としての人生勉強が必要です。実生活の上で大人としての自覚を持てるように学んでいきなさい。それと、霊能をみずからきちんとコントロールできるように、自分を鍛えていきましょう」

自殺まで考えていた私は、寺坂先生がこの日に与えてくれた数々の実証によって救われました。遠回りしたとは言え、ようやく納得させてくれる霊能力者にたどり着けた私は幸いであったと思います。

もしもあの時寺坂先生にめぐり会っていなければ、ますます自暴自棄になっていく一方だったでしょう。霊能力者の存在そのものも、いまだに胡散《うさん》臭く思っていたに違いありません。

昌清霊《まさきよれい》との出会い

私は、明け方に視《み》た不思議なしゃぼん玉の意味についても、寺坂先生に問うてみました。寺坂先生は「それは悪い霊の仕業などではありません。あなたの後ろには立派なお坊さんがついているのです。明け方に視たものは、その方からの霊示ですよ」と語りました。

先生の話では、私には戦国時代の行者の霊が指導霊としてついていて、私の人生を導いているとのこと。そして、青紫色の光の中に視えたお地蔵さんのような光のシルエットが、昌清之命《まさきよのみこと》と名乗る、その指導霊だったと言うのです。

寺坂先生のこの話は、視たばかりのビジョンと符合していたため、私は素直に納得することができました。当時の私はまだ指導霊とか守護霊というものの意味や目的を知らず、私との関わり合いについても深くは考えませんでしたが、本当に孤独であった私には、自分がまだ一人ではなかったこと、温かく励ましてくださる存在がいること、ただそのことがひたすらありがたく感じられ、心から感謝していました。

昌清之命は私が霊能力者になることを望んでいると、寺坂先生は言いました。しかしその時の私には、まるで現実味のない話でした。寺坂先生に対してはともかく、霊能力者というものに対するイメージは私の中で良くないままでしたし、何よりも現実の生活を立て直すことが先決だったからです。

しかし昌清之命が、私を幼い頃から一貫してその方向に導いてきたという話には、あまりに納得させられることが多かったのも事実でした。

たとえば、私が絵を描くことを好み、美術の道を志していたのは、感性を磨き、集中力を養うためだったという話。確かにデッサンなどに取り組んでいると、時間の感覚がまったくなくなり、三時間や四時間は一瞬のように過ぎていきます。精神統一、集中力の訓練には打ってつけでしょう。

オペラが大好きで声楽を習っていたのも、霊能力者に欠かせない呼吸法の訓練のためだったそうです。

また、昌清之命は戦国時代に御所で護衛の仕事を務めていたとのことで、私が警備員のアルバイトをしていたのはその影響なのだそうです。

さらに驚いたのは、さんざん私を苦しめ続けたさまざまな霊現象でさえも、私の心を完全に霊的世界に向けさせるためだったという言葉でした。

次から次へと語られる寺坂先生の言葉に当惑していると、先生は「私の言うことが信じられないならば、ほかの霊能力者にも視てもらいなさい」と言い、今は亡き渡辺《わたなべ》政治《まさはる》先生という男性の霊能力者を紹介してくださいました。

渡辺先生の霊視に、私は再び驚かされました。「あなたにはお坊さんがついていて、導いているね」と、寺坂先生とまったく同じことを言われたのです。

そしてこうも言われました。「あなたはテレパシー能力がとても強い。霊媒にもとても向くけれど、ヒーリングの才能もある。あなたは今後、この心霊の世界で生きていくでしょう。自分の能力を大事にしていきなさい。本格的に活躍するのは三十五歳からですね。三十八歳以降は大いに活躍が広がり、ものすごく忙しくなるでしょう」

　今、私は三十八歳です。これまでをふり返ると、なるほどその通りかもしれない、という気がしてきます。

　スピリチュアル・カウンセリングの仕事は二十代の頃から忙しく、雑誌などの取材も十年以上前からたびたびありましたが、『幸運を引きよせるスピリチュアル・ブック』がベストセラーになり、社会的な注目を集め始めたのは確かに三十五歳をすぎてからでした。そして、まさに最近になって、講演の仕事が飛躍的に増えてきたように思います。渡辺先生は二十年前にそのことを言い当てていたのです。

　当時の私には、もちろんそんなことはまだわかりません。この時に驚いたのは、ただ、「お坊さんが導いている」という言葉でした。

　しばらく後に会った佐《さ》藤《とう》永郎《ひさお》先生という霊能力者にも、やはり初対面で「あなたには、すごく立派な剛僧がついていますよ」と言われました。「その僧の霊がばっちりあなたのことをマークしています。あなたをどうしても心霊の道に進ませたくて、ずっとここまで育ててきたようですよ」と。

三人の霊能力者から異口同音に聞く言葉を、私はもはや信じざるを得なくなっていました。

修行に明け暮れる日々

その後も私は、週に一度は寺坂先生を訪ねました。その都度「霊査《れいさ》」という、昌清之命からのメッセージをいただいていました。内容はいつも、「体を鍛えよ」、「高尚な人格を持つべし」など、霊能開発や、霊能力者としての心得にかかわることでした。

寺坂先生自身も、霊能力者のあるべき姿についていろいろと指導してくださいました。世の中で認識されているような、ただの神秘的な存在に終わってはいけない、心霊についてアカデミックに語れる存在にならなければと、『心霊科学入門』という本を教科書にして授業をしてもいただきました。

霊能力者というものは、残念ながら職業としてまだ社会的に認められていないので、社会的信用を得るためにはしっかりとした自分の職業を持つようにとも、くり返し説得されました。

そこで私は、寺で修行することにしました。「昌清之命と同じ僧侶《そうりょ》がいいでしょう」という寺坂先生の勧めもありましたし、私自身、人生に対するやけっぱちな気持ちも引きずっていたのでしょう、僧侶となって人生を見つめ直したいと考えたのでした。

お世話になった寺で、私は真剣に修行し、素晴らしい方々とも出会いました。しかしここでも私は多くの疑問に悩まされてしまったのです。

それは、神や仏というものの、この日本でのとらえられ方に関わることです。

たとえば人々が「病気平癒」を祈願する気持ちは、まだ理解できるのです。けれども「商売繁盛《はんじょう》」といった現世利益《りやく》を声高らかに願うことには、どうしても抵抗を感じざるを得ませんでした。

もちろん祈りは大切ですが、祈っただけで、努力もせずに願いが叶《かな》うことなどあり得るのでしょうか。神や仏とは、祈った者にのみ「ご利益」を与えるような存在なのでしょうか。神や仏に「コネ」をつけた者たちだけに手が差し延べられるなんて、そんな不公平な神や仏なら私はまっぴらごめんだと思いました。

憑依《ひょうい》体質による苦しみにも見舞われました。火渡りをしたり、お札《ふだ》を焼いたりするたび、現世利益の念を受けてしまうのか、決まって体調を崩して寝込んでしまっていたのです。そのたびに寺坂先生に除霊していただかねばなりませんでした。

一年たった頃、とうとう私は寺を去ることにしました。

その後いよいよ、心霊の修行に本腰を入れ始めました。警備のアルバイトを続けながら、昌清霊が好んだという滝行に通い、寺坂先生のもとでの心霊の勉強もし、そして瞑想《めいそう》による精神統一も欠かさず行うという、実に忙しい毎日でした。

滝行は二年間続けました。来る日も来る日も高尾山へ出かけ、夜の闇《やみ》にロウソクを立て、たった一人で滝に打たれていたのです。つららの下がる冬など、あまりの冷たさに、体の感覚がなくなるほどでした。帰る頃には足が棒のようになり、のたうちまわるようにして下着をはくまで三十分はかかったと記憶しています。

無我夢中でした。前に進むしかありませんでした。

そして少しずつ、光が見えてきました。子どもの頃からあれほど私を悩ませていた強度の霊的体質が、この修行によって徐々に克服されていったのです。霊的存在の姿を視るか否《いな》か、声を聴くか否かも、スイッチをオンかオフかに切り替えるごとく、自分の意志でコントロールできるようになりました。憑依を受けたり、人の想念で具合が悪くなることも、だんだんになくなっていきました。

もちろん試練もありました。修行に励んでいた間、私の霊能力を金儲《かねもう》けに使おうとする者にだまされかけたこともありました。浄霊がうまくできないこともありました。貧しさに、食べ物を得ることさえままならない日もありました。同じ年頃の若者たちがみな輝いて見え、くじけそうになる日もありました。

けれども今ならわかります。そのような日々の中でも、私は見えない手に引かれて歩いていたことを。「人生の地図」という輝かしい宝のあるほうへ、着実に導かれていたことを。

三、「人生の地図」が見つかった

霊の親に育《はぐく》まれて

私のように霊能力を持つ者は、普通の人々からは、常に霊界からの指示を得ながら人生を歩んでいるように思われているようです。しかし私も、さまざまな葛藤《かっとう》や迷いを抱えて生きる、生身の人間です。昌清霊《まさきよれい》は昔も今も、私の人生に対して具体的な口出しなど一切しません。

一度だけ、私が昌清霊に助言を求めてしまったことがありましたが、その時も、「ぬしの人生じゃ。わしがすべて答えていたら、ぬしの人生ではなくなる」と答えるのみでした。十八歳のあの朝、しゃぼん玉のような光とともに姿を現したあの霊示以来、昌清霊から私へのはっきりとしたメッセージは途絶えていたのです。

苦労続きだった私の半生を知ると、「霊能力を持ち、高級な指導霊に守られながら、なぜそんなに辛《つら》い経験をしなければならなかったのか」と尋ねる人がよくいます。現世的視点に立てば、そう考えるのももっともでしょう。けれども、さまざまな苦難を経て真理に至った私にはわかるのです。これらすべてが、私のたましいにとって必要だったのだと。

私は一つひとつの苦難を乗り越え、一つひとつの疑問を自分の経験から解き明かし、「生きることの真理」という大きな悟りへの道を、みずからの足で歩んできました。「人はなぜ生まれ、なぜ苦しみがあり、いかに生きるのか」という根元的な疑問も、その中でしだいに解けていきました。

昌清之命は具体的な助言を私に与える代わりに、身をもって経験を積ませることによって、私をその答えへと導いてくださったのです。経験こそが真の理解をもたらす最大の力だからです。私がその境地に至るまでをただ見守り続けていた昌清之命。その愛の、なんと大きく深いことでしょう。

私は現世の両親と早く死に別れた分、霊的世界の親に育てられてきたのかもしれません。

生死をも超えた真理

やがて私は、『シルバーバーチの霊訓⑴〜⑿』（潮文社）という素晴らしい本と出会いました。

シルバーバーチというネイティブアメリカンの通信霊が、イギリス人の霊媒モーリス・バーバネルを通して語る、グレイト・スピリット（霊界の高級霊団）から人類へのメッセージを紹介した本です。

この本の中には、まさに私が探り当てたのとまったく同じ「生きることとの真理」が書かれてありました。私が見出《みいだ》した答えがすべて正しかったことを見事に裏づけてくれたのです。

この世に決して偶然はないこと。

すべてのできごとには意味があり、人はたましいの向上のために自分の人生のテーマを決めて生まれてくること。人は因果律の支配を受けているということ。

本を読み進むうちに、今までの人生で経験してきたことの意味が改めて理解でき、涙をこらえきれませんでした。世の中は理不尽なことだらけだ、神さえも不公平だと思っていた自分は遠い過去となりました。すべての疑問は消えていき、孤独感もとうになくなっていました。

私自身の経験と、指導霊による導きと、シルバーバーチの霊訓。

この三つが、私の疑問のすべてに答えを与えてくれたのです。この三つのどれが欠けても十分ではなかったでしょう。

「生きることの真理」だけではありません。私は生死を超えた「たましいの真理」をもこの本に教えられました。

死後もたましいの個性は存続し、再生をくり返すこと。

再生をくり返しながら、永遠に進化向上を目指していること。

これらはすべて、人生に欠かせない真理であると、私は確信しました。人生の分かれ道で迷う時も、自分がどこにいるのか見失った時も、必ず正しい方向を教えてくれる「地図」のようなものだと思いました。

人間にとって、生きる意味の見出せない人生や、なぜ自分にふりかかったのかがわからない苦しみほどつらいものはありません。

けれど、意味のない人生はないのです。理由のない苦しみもありません。どんな悩みや苦しみも、私が歩んできた道のように、霊的真理、つまり「人生の地図」を会得《えとく》することで必ず乗り越えられるのです。

「この地図に沿ってスピリチュアルな人生を歩いていこう」

具体的な将来を考える時期はまだ先でしたが、私は目の前に茫洋《ぼうよう》と広がる未来に向かい、そう心に決めたのでした。

二つの世界の接点で

孤独と苦難の中でもがき苦しんだ末に手に入れた「人生の地図」は、私の世の中に対する不公平感を見事に消してくれただけでなく、人間の真の生き方や、命の意味という、はるかに大きなことを教えてくれました。

このすばらしい「人生の地図」を手に入れた時、私は大きく異なる二つの世界を同時に生きている自分に気づきました。

二つの世界とは、霊的世界と、この現世です。霊能力を持ち霊的世界からのメッセージを日々感じ受けながらも、同時に、現世で肉体を得て生活している私という人間の立つ位置を、私は客観的に考えてみたのでした。

大方の人は、現世のみに生きています。その中にあって、二つの世界を同時に生きている私ができることとは、いったい何なのだろうと思うようになりました。

霊的世界と現世という二つの世界は、決して離れて存在しているものではありません。どうしても霊的世界は、空の上など、物理的に離れた場所にあるイメージを持たれがちなのですが、実は現世と重なり合って存在しているのです。

重なり合う中で、霊的世界の方々は、現世の私たちを気づかせるために、絶えず働きかけています。私たちを成長させるために、絶えず導いています。私がこれまでの著書に、「私たちの日常には神秘がちりばめられています」、「スピリチュアルな世界は空気のようなもので、誰もがその中でその空気を呼吸しているのです」などと書いているのは、そういう意味なのです。

その神秘を、私たちは純粋なアンテナさえ持っていれば感知できるのですが、やはりそのメッセージを読み解くためには普遍的な手引きが必要です。

それがまさに、私が手にした「人生の地図」なのでした。

「人生の地図」は、霊的世界の真理がどのようにこの現世で働いているかを示す、必要にして十分な手引きです。二つの世界の接点にあり、両者がどう作用し合っているかを表す、きわめて正確な法則のようなものです。

自分自身が「地図」に従って生きていくことは、私の中で決定済みでしたが、それだけではいけないと私は思い始めました。なにしろこの「地図」は、私一人のものではなく、誰にとっても必要な、普遍的なものなのです。

この「地図」を現世の他の人たちに伝えていくこと、そしてスピリチュアルな人生に目覚めていただくこと、それが求められているのではないだろうか。

「人生の地図」で、二つの世界を融合させること、橋渡しをしていくことが、私という人間が人々のためにできることではないだろうか。
こうして徐々に、私は自分の使命のようなものを理解していったのでした。

「地図」に沿った生き方を求めて

思いは定まりましたが、それを現実の生活の中でどう実行に移していくのかが、大きな問題として立ちはだかりました。

選択肢の一つとして、ごくストレートに、霊能力者として生きるという道も当然考えてみました。霊能力の開発のための数々の修行も、既にそれまでの数年間で徹底的に行ってきていました。

しかしまだ私には、自分が霊能力者と名乗るようになることに強い抵抗がありました。寺坂多枝子先生も一貫して「霊媒としてやっていくなら、世間様にいかがわしく思われないように職業を持ちなさい」と私に語るのでした。「心霊の仕事に専念するのは、人生経験を積んだ四十代になってからのほうがいい」とも言われました。

世間の人は、私が霊能を持っていたから霊能力者になったのだと誤解しがちですが、私に関して言えば、霊能力があるだけなら霊能力者にならなかったと思います。この時に霊能力者として生きる選択肢を考えたのは、そうすれば、私自身が苦しみながらようやく目覚めることのできたスピリチュアルな人生のすばらしさを、人々にお裾《すそ》分《わ》けしていけるかもしれないと思ったからでした。

しかしいろいろ迷った末、私は一般社会で生きる道を選ぶことにしました。まだ若かった私には、人に伝えることより、まず自分自身の人生を、真理の「地図」に従って生きてみたいという気持ちが強かったのです。その実践さえできれば、生活のための仕事は何でも構わないと思いました。私がいつも著書に書いているように、「天職」と「適職」は別のものであり、適職は食べていくための技能だからです。

そうした中で開けてきたのが、神社の神主への道でした。寺坂先生の助言と、ある方の援助によりK神社に奉職させていただけることになったのです。K神社の方々にはとてもよくしていただき、私は大学の夜間コースに通いながら神職の資格を取るための勉強を始めることになりました。

新しい毎日は順調に滑り出しましたが、問題はお金でした。実習生なので神社からの収入は十分ではなく、大学生活にも何かとお金がかかります。そこで私は、空いた時間に心霊相談を始めるようになりました。自分が目覚めたスピリチュアルな人生を、少しずつでも人に伝えられる道が、この時から開かれたのです。

心霊相談を始めたのは、自然な流れでもありました。神社には氏子たちからのさまざまな相談が持ちかけられます。その中には霊的な背景を持った問題も含まれ、私の霊能力が解明に役立つことが多かったのです。一般に神社というところは、心霊的なものを好むとは限りません。しかしこれも不思議な巡り合わせで、K神社の先代の宮司は心霊研究に大変熱心な方で、私の霊能力も歓迎されていました。

昼間は神主、夜は学生、深夜は心霊相談という三本立ての毎日。睡眠時間もろくに取れない忙しさでしたが、大学生活は楽しく、仕事のほうでは霊界の計らいとしか思えないようなすばらしい出会いもあり、私の毎日は充実していきました。

そのうちに、心霊相談を通じて知り合った方たちや、昔からの友人たちの間で、スピリチュアリズムを学ぶサークルが作られました。サークルは東京に二ヵ所、横浜に一ヵ所の計三ヵ所にでき、それぞれで月に一度ずつ、私を講師とする研修会が開かれるようになりました。

やがて三つの合同研修会として、現在、東京と大阪で開催している「江原啓之のスピリチュアル講座」の前身となる勉強会が、K神社の広間で行われるようになりました。真理に飢えて生きている人々の間に、スピリチュアルな生き方が一歩ずつでも浸透しているという手応《てごた》えを感じ、私は心から喜びを覚えました。

けれども、忙しくも楽しかった三本立ての日々にも、区切りをつけるべき時が来てしまいました。大学卒業が間近になり、進路の具体的な選択を考えねばならなくなったのです。

卒業後の進路として第一に考えたのは、やはり神社でした。神主という職業はサラリーマン社会で、生業《なりわい》としては安定しています。このまま神社に就職して生きていこうかとも考えました。

その頃ちょうど、日系人の多いブラジルに大神宮ができるという話があり、そこの神主にならないかという強力なお誘いがありました。もともと海外志向のあった私は、一時は八割方その気になりました。ともに生きる家族もいなかった私にとって、東京で生きるのも、ブラジルで生きるのも、大して変わりはなかったのです。「人生の地図」に従って生きることさえできれば、ブラジル行きもまた良いのではないかと思えたのでした。

迷いに迷った末にブラジル行きは辞退しましたが、卒業後どこかの神社に就職しようという気持ちは変わらず、心霊相談は就職と同時にやめようと思っていました。まだ二十代前半だった私には、このまま心霊の道に入り、真理の道へ人々を導くことに専念していく自信もありませんでした。

それに、あまりに波瀾万丈《はらんばんじょう》続きだった私です。一人でも多くの人にスピリチュアルな人生に目覚めていただきたい気持ちに変わりはなかったものの、それよりもまずは安定した生業に就いて、結婚して温かい家庭も築くという、ごく平凡な暮らしに憧《あこが》れていたのです。

霊能力者として独立する

しかし現実は、思いもよらない方向に進んでいました。相談者の数がクチコミによってどんどん膨れ上がってきていたのです。むしろ神主の仕事こそ、続けることが困難になっていました。私が相談をやめるつもりだと知ると、「ここまで指導してきた私たちを、自分が就職するからと言って見放すのですか」と猛反対する人も少なくありませんでした。

私は真剣に悩みました。自分を必要としてくれている人がこんなにいる。そのこと自体が、私に対する霊的世界からのメッセージではないだろうかと。

こんなに多くの人たちが、かつての自分のようにスピリチュアルな人生に目覚められず、悩み苦しんでいる。この人たちに「人生の地図」を示していくことが、私の本当の人生なのではないだろうかと。

ふと思い浮かんだのは、十八歳のあの朝に視《み》たしゃぼん玉のビジョンと、昌清之命の言葉でした。「逃げ惑うこれらの者たちを救う手助けをすることが、ぬしの生まれてきた目的じゃ」。あの言葉が意味していたものは、まさに今の迷いに対する答えなのではないかと閃《ひらめ》いたのです。

同じ頃にもう一つ、今も忘れられない大きなメッセージがありました。ある日何気なくテレビをつけると『ブラザー・サン　シスター・ムーン』という映画が放映されていました。卒業に向けてレポートを書いている最中でしたが、知らず知らずに手が止まり、聖フランチェスコの人生を描いたその映画に引き込まれていきました。翌日にはビデオを借りてきて、何度もくり返して観《み》ました。涙が止まりませんでした。時代も国も違うところに、生身の人間として数多《あまた》の苦難と闘いながら、霊的真理を貫いて生きた人がいた。その事実は私にとても大きな勇気を与えてくれました。聖人としてでなく、人間としての聖フランチェスコの生き方に心を打たれ、自分もこの人のように生きていこうと思ったのです。

数奇な運命に自暴自棄になり、一度は死のうと思った私です。これからは「我」を持たず、「地図」を示す道具となって生きていこうと決心しました。

寺坂多枝子先生や昌清霊を通じて私にもたらされているメッセージが本当ならば、私は霊的世界の道具として必要とされているはずです。霊界の意志に身を委《ゆだ》ねればおのずとすべてうまくいくはずなのです。うまくいかなければ、その私の考えが間違いだったというだけのことです。

必要とされている限り続けてみよう。必要でなくなったらその時にまた改めて考えればいい。そう心に決めました。

内心では、もしもうまくいかなかったらもうこの世には未練はない、死んでも構わないとも考えていました。うまくいかないということは、私自身が必要とされていないということを表すだけでなく、信ずるべき真理などこの世には何もなく、ようやく手にした「人生の地図」もまったくの嘘《うそ》っぱちだったことになるからです。

これが本当の最後のつもりで、肚《はら》をくくり、一か八かの賭《か》けに出てみることにしました。心霊現象に苦しめられて以来、友は去り、お金も尽きるという、まさに孤立無援の状態にいた私に、守るべきものは何もありませんでした。なるようにしかならないならば、とことんやってみようと思いました。

平成元年三月、私はお世話になったK神社を去り、独立して「スピリチュアリズム研究所」を立ち上げました。

多くの人たちの温かい励ましと協力を得ながら迎えた開所式の日。澄み渡る青空が目に染《し》みました。

なしのままに生きる。――神の意志のままに生きるという、神道にあるこの言葉通りの心境でした。私の心は静かで、平らかで、何の迷いも、力みもありませんでした。

あれから十五年。結果的に続けてこられたところを見ると、私は確かに必要とされていたのでしょう。しかしそのことを、私は自分自身の誉れだなどとは露ほども思っていません。霊的世界がこの世に真理を表現するために、私は媒体として利用されているにすぎないと思っています。

今では数々の著書が多くの人々に読まれています。講演の開催も増えました。私が「人生の地図」とともに歩んで来た道は、どうやら間違っていなかったようです。

四、イギリスに学んだ日々

心霊研究の先進国へ

「スピリチュアリズム研究所」を設立し、霊能力者として歩み始めた私は、心霊の道をいよいよ本格的に学ぶ一方で、霊能力者のあるべき姿を模索するようになりました。

寺坂多枝子先生や渡辺政治先生、佐藤永郎先生というすばらしい霊能力者にめぐり会うことができ、ここまで導かれてきたとは言うものの、日本の霊能力者たちに対する胡散《うさん》臭いイメージは、私の中でいまだに消えていませんでした。

寺坂先生に会う前に私が訪ね歩いた霊能力者の中には、「生き神様」や「教祖」のようにふるまう人もいましたし、誰にでも当てはまりそうなことを言うだけの「祈禱《きとう》師」もいました。「悪い因縁がある。今すぐ除霊しないととんでもないことが起こる」と脅して法外なお金を要求する人もいました。誰もが我流であり、お互いの共通言語が存在しないのが日本の霊能力者の世界だったのです。

真理は一つしかないはずです。なぜこんなにもみんなが好き勝手なことを言っているのか。私が目覚めたスピリチュアルな人生を、アカデミックに定義づけた共通言語で語れる人々は、どこにもいないのだろうか。

そこで浮かび上がってきたのがイギリスでした。

イギリスはスピリチュアリズムの本場であり、世界随一の心霊研究の先進国として知られています。

イギリスには数多くの心霊関係の団体があります。

ＳＡＧＢ（英国スピリチュアリスト協会）などはスピリチュアリズムを信奉する団体の代表的存在で、イエス・キリストのみを奇跡を起こせる神の子としているキリスト教世界と対立しながらも、スピリチュアリズム普及のためのさまざまな活動を行っています。ＳＡＧＢには、独自のオーディションを通過した多くの霊媒やヒーラーたちが所属しています。イギリスではそこに一時でも所属することが、霊媒やヒーラーの登竜門ともなっています。

その一方にはＳＰＲ（心霊研究協会）のように、霊魂の存在を科学によって否定することを目指している団体もあります。イギリス人は一般に理屈好きなので、科学で解明されていないからと言って頭ごなしに否定することがありません。うやむやなまま否定することを嫌い、否定するなら否定するための証拠を徹底的に追究したがるのが特徴です。

霊をめぐる賛否の議論が盛んな土地柄ゆえか、イギリスでは霊のほうでもしきりに姿を見せています。土地や建物が変わりにくいのも、地縛霊が居座る所以《ゆえん》でしょう。幽霊が出る有名スポットは数多く、それらをめぐるゴーストツアーも人気です。

イギリスへ行ってみよう、いや是が非でも行かなければと、私は思い立ちました。イギリスのスピリチュアリズムを学び、さまざまな霊能力者にも会ってその生き方を今後の自分のヒントにしようと考えたのです。

正直なところ、私はそれまでイギリスにいい印象を持っていませんでした。ロンドンなどは特に、霧のたちこめる暗い街、切り裂きジャックでも出そうな陰鬱《いんうつ》な街というイメージが強かったものです。オペラが大好きな私は「なぜスピリチュアリズムの本場がイタリアではなくイギリスなんだろう」と、冗談まじりに友人に愚痴ったものでした。

けれども私の心は、確実に、イギリスのスピリチュアリズムのあり方に魅了されつつありました。徹底的に考え、納得するまで分析するという傾向が、私自身の性格にも相通ずるものだったからでしょう。

事実、暗い街という先入観を持って出かけたロンドンで、私はその後の活動に非常に明るい光を見出《みいだ》すことができました。足かけ六年、計九回にも及んだ渡英は、今もなお私の活動に多大な影響を与えています。

技術者たる霊媒たち

平成二年一月、初めて降り立ったロンドンで、私はさっそく街の中心部にあるSAGBを訪ねました。

SAGBの館内にはいくつかのホールがあり、そのうちの一つ、五十人ほどが入るホールで、デモンストレーションが行われていました。デモンストレーションとは、霊媒が大勢の前で霊的能力を披露することで、霊的世界の実証のためにイギリスでは盛んに行われています。SAGBでも日替わりでさまざまな霊媒がステージに立ち、一人ひとりの観客を順に霊視してその人にまつわることを言い当てたり、霊媒がトランス状態になって霊言を語ったりということが行われています。

その日は、ビル・ランディスという有名な霊媒が高級霊を招霊して観客に語りかけるという、公開交霊会のようなことが行われていました。日本では想像もつかないようなその光景を見て、私はただただ驚きました。さらにビルは、客席に座る私を指差してこう言ったのです。「あなたの横にお母さんがいますよ」と。

コラル・ポルジという、やはりとても有名な霊媒にも会いました。彼女はサイキック・アーティストとして、相手に関わりのある霊の肖像画を描いてみせるというデモンストレーションを行っています。コラルは私にも、祖母や亡《な》くなった母、指導霊である昌清之命の絵を、目の前でさらさらと描いてみせました。それらはもう見事というよりほかにない出来映えでした。

それから何人の霊媒に会ったことでしょう。いずれも霊媒としてのあり方を学ぶための面会でしたが、今考えてもつくづく鋭い霊視であったと思い当たることがいくつもあります。

たとえばある男性霊媒は、十余年も前なのに、今の私の生活についてはっきりと言い当てていました。

一つは家のことです。彼は「あなたは数年後に家を持つでしょう」と言いました。当時まだ独身で、アパート住まいをしていた私は、「まさか。この人は東京の不動産事情をわかっていないから、そんなことが言えるんだ」と、はなから信じようとしませんでした。ところが彼は、まるでその家がはっきり視《み》えているかのように語り続けました。「東京の、そうだね、ロンドンでたとえればアールスコートのような建造物の近くに住むようですね」と。

その数年後に建てることになった私の家は、確かに大きな体育館のそばにあります。彼はそれを予知していたのです。

もう一つは本のことです。「将来あなたは本を書きますね。ものすごく売れるでしょう」。私にはこれもまた信じられず、「適当なことを言っているな」と思って聞いていました。しかし彼にはその本もありありと視えているようでした。「カバーのどこかにハミングバードの絵がついています」と話していたのです。

今もロングセラーとなっている、『幸運を引きよせるスピリチュアル・ブック』が出版されたのは約十年後。デザイナーが考えてくださったかわいらしい表紙カバーには、水色の天使のシルエットが描かれています。翼を背に羽ばたく天使の絵が、あの時の彼にはハミングバードのように視えていたのでしょう。

このように、イギリスには実力のある霊媒が多く、がっかりさせられるような霊媒はほとんどいませんでした。そのレベルの高さにも驚きましたが、何よりも驚いたのは、霊媒たちの技術職に徹した生き方でした。日本のようにあやしい教祖型の霊媒は皆無。誰もが霊的世界の道具、媒体として、特別きらびやかにふるまうでもなく、素朴に活動しているのでした。

ある時、とても印象的な霊媒との出会いがありました。

SAGBの階段を昇る途中で、壁にペンキを塗っていたおじさんが、私をいきなり呼び止めました。「いいオーラを持っているね。あんた、霊媒でしょう」と言います。私は驚き、「なぜわかったんですか」と聞きました。すると彼は「ぼくの仲間だと思ったからさ。今日はボランティアでペンキを塗りに来ているんだけれど、ぼくも霊媒なの。ペンキの仕事もしていて、あとの時間はSAGBで仕事をしているんだ」と言い、ペンキだらけの手で一枚の名刺を渡してくれました。

彼の名刺に印刷された肩書きは、「スピリチュアル・カウンセラー」。「ああ、なるほど。霊的視点で見るカウンセラーか。いい言葉だなあ」と私は思いました。「霊能力者」よりもずっといい響きです。心温まる彼との出会いに、私はこの時、自分もこれから「スピリチュアル・カウンセラー」と名乗って仕事をしようと決めました。そして、「心霊相談」という言い方もやめて、「スピリチュアル・カウンセリング」と言うことにしました。

イギリスの霊能力者は、彼のように「スピリチュアル・カウンセラー」か、「ミーディアム（霊媒）」と名乗ることが多いようです。最近は日本でもさまざまな人たちが「スピリチュアル・カウンセラー」を肩書きにしていますが、「霊的視点で答えるカウンセラー」というのが本来の意味なのです。

シッティングという実証方法

イギリスのスピリチュアリズムの世界では、霊媒の役割を、霊的世界を実証することにより人々を真の生き方に導いていくことであると、明確にしています。その実証のための重要な手法の一つに第一章でもふれた「シッティング」があります。

これは、霊媒が目の前に座る相手に対し、本人からは何も情報を得ないまま霊視を行い、「あなたには亡くなったお兄さんがいますね」、「これからアメリカに行こうと考えていますね」、「建築関係の仕事をしていますね」といったようなことを次々と指摘していくというものです。シッティングを受けるほうは、それに対し「イエス」か「ノー」かを答えていくだけ。当然ながら、ほとんどの返事が「イエス」でないと、霊媒はその人に霊的世界の存在を実証しそこねたことになります。それだけにこの手法は、霊媒によほどの自信がないとできないことです。

霊的世界の実証が目的ですから、相手からの質問は一切受けません。この点は非常に徹底しています。人生相談ならタロットへ行きなさい、と断言するのがイギリスの霊媒です。日本で行われている、おうかがい的な心霊相談とは大きく異なるものなのです。

私はこのすばらしい実証の手法に感服し、日本で自分がしている相談にも部分的に取り入れることにしました。初めて来た相談者には、相談時間の前半をシッティング形式にして、私から一方的に話していくことにしたのです。

具体的には「まず、あなたについて気づくことをお話ししますね。ご質問はその後でお願いします」と断りを入れて、その人について霊視されることを話していきます。するとたいていの相談者は、「その通りです。なぜそんなことまでわかるんですか」と驚きます。「今日はまさにそれを相談したくて参ったのです」という反応もしょっちゅうです。私としては、このようなやり取りをする中で、相談者の霊的世界への確信がゆるぎないものになることを意図しているのです。

ロンドンのSAGBでも、シッティングは日常的に行われていました。館内の一角に掲示板があり、SAGB所属の霊媒やヒーラーの顔写真が何十枚と並べられていて、訪れる人はその中から好きな人を選び、受付でチケットを買うという仕組みになっています。人々が掲示板の前に集まって、「今日はこの人にしようかしら」、「この間、この人のシッティングを受けたけど、いまいちぴんと来なかったわ」などと噂《うわさ》しながら、今日の霊媒を選ぶ光景もよく見かけました。

シッティング・ルームは八部屋ほどあったと思います。いずれも四畳半ぐらいの小さな部屋で、視てもらう人は自分が申し込んだ霊媒の部屋の前で順番を待つことになっています。自分の時間が来たら、「もう私の時間ですよ」と伝えるために、自分でノックをするというスタイルも、イギリス人らしくて面白いと思いました。

イギリスのスピリチュアリズムのあり方には、驚き、感心することばかりでした。霊媒そのものの多さにまず驚きましたし、活動のスタイルは十人十色でも、霊媒たちがみんな何らかの横のつながりを持っていることにも感心しました。

日本の心霊の世界と違って、私の求めていた「共通言語」が、イギリスの霊媒たちの間には存在していたのです。

ドリス・コリンズとの出会い

イギリスの多くの霊媒は、先述のように技術者として、ごく素朴に活動していました。かと思うと一方には、スター的な霊媒もいました。イギリスに住んでいてさえなかなか会えないそうしたスターたちにも、私は幸運なことに会うことができました。

一度会おうと決めた人には、あの手この手を尽くすという、私の粘り強い性格も功を奏したのでしょう。

その中でも私が一番大きな影響を与えられたのは、第一章でもご紹介したドリス・コリンズです。

ドリスは講演や執筆を中心に活動していて、講演ではロイヤル・アルバート・ホールを三日間満席にするという快挙を遂げたことのある人物です。ロイヤル・アルバート・ホールと言えば、大相撲ロンドン場所が催されたこともある、東京で言えば日本武道館のような巨大な会場です。ドリスはまた、スピリチュアル・ヒーリングの能力にも優れ、チャールズ皇太子が落馬した時にヒーリングを施した人物でもあります。

ドリスに会うためにはエージェントを通さなくてはなりませんでした。イギリスに限らず欧米では、霊能力者も、講演などの活動のマネジメントをエージェントに任せるのが普通です。ドリスのマネジメントは「オールリー」と言う、日本に世界的ミュージシャンを連れてきたことのあるエージェントが担当していました。エリック・クラプトンとも関係があり、彼が子どもを亡《な》くした時に、ドリスがあの世の子どもからのメッセージを彼に伝え、見事に立ち直らせたというエピソードがあります。

私はそのエージェントに体当たりとばかりに電話をして、「ドリス・コリンズに会いたい」と頼みました。誰の紹介もない、先方にとっては見ず知らずの東洋の一青年ですから、会ってもらえる可能性はきわめて低かったのですが、熱意が通じたのか承諾してもらえ、ドリスがご主人と二人で暮らす、ロンドン郊外の小さなコテージを訪ねる運びとなったのでした。

ドリスは非常に体格のいい、豪快な印象の女性でした。当時の年齢で既に八十歳は超えていたでしょうか。自信と誇りに満ち、さすがにスターの風格はありましたが、教祖的ないやらしさなど微塵《みじん》もなく、私にとっては「こわい教師」という言葉がぴったりの人でした。

私はほぼ一日、ドリスのコテージにおじゃまして、シッティングを受けたり、他の人にシッティングをしている様子を見学させていただいたり、霊媒としての半生について語っていただいたりしました。

彼女の霊視はさすがに見事の一言で、ひたすら感服させられました。しかしそれ以上に刺激的だったのは、彼女のこれまでの活動です。

彼女は十八歳の時から霊媒として活躍していた筋金入りで、有名な『シルバーバーチの霊訓』の中にも「ドリス・コリンズと語る」という一節があるくらい、古くからの実績がある人です。その活動ぶりは派手なスター型で、個人を対象としたシッティングよりも、テレビ出演や執筆、舞台の上でスピリチュアリズムの講義やデモンストレーションを行う講演活動が主でした。講演は全英ツアーにとどまらず、アメリカ、カナダ、オーストラリアなど、世界各地の主に英語圏の国で行ってきたといいます。

時にはBBCのテレビ番組などに出演して、霊界の存在を徹底的に否定する科学者や教会関係者などと激しい論争をくり広げてもいました。大勢の否定派を相手に取って、実に力強く闘ってきたのです。

そんな番組の一つを、私もビデオで観《み》せていただきました。面白かったのは、スタジオに来ている観客たちも、その激しいバトルに加わっていることでした。「私はドリスを信じるわ。さっきここでドリスが私に言ったことは、まったく事実の通りだったもの」。議論好きな国民性そのままに、そうした熱い言葉が飛び交います。ドリスは私の横で、その模様を改めてビデオで観ながら、まるでその場にいるかのように興奮していました。「本当に一刻な人なんだなあ」と、日本人にはまずいないその人柄に、私は恐れ入ったものでした。

日本のパイオニアたれ

最初はあんなに嫌だったイギリスですが、その頃の私はすっかり心酔していて、この地に移住したいとまで考えるようになっていました。スピリチュアリズムの殿堂としての魅力に満ちているだけでなく、一人の霊媒としてとても生きやすい国だと思えたからです。

私はドリスに尋ねました。「これから私は英語をマスターし、イギリスに住みたいと思う。それは叶《かな》いますか」と。現世的な質問と恥じつつも、聞かずにはいられなかったのです。

ドリスは「無理」と即答しました。「あなたはだめ。イギリスに住んではいけないわ」。この一言に、どれだけつき放された気持ちになったかわかりません。しかしドリスは淡々と続けるのでした。

「あなたは日本のパイオニアになる人なの。私がイギリスでやってきたように、あなたも日本の草分けとしてきちんと活動していきなさい」

「私は自分の役目を、霊的世界の存在と真理を世間に伝えることだと思っている。そのために十八歳の時から否定論者を敵にまわして闘い続けてきたんだから、あなたもあなたの国で闘わないといけないわ」

「十八の時は私だって初々《ういうい》しかったのよ。でも闘い続けて鍛えられた結果、少々のことではへこたれない今の強さを手に入れたんだから」

ここまできっぱり言われては、私も二の句が継げませんでした。

同じ質問を、後日別の何人かの霊媒にもしてみました。

しかし答えは同じ。「あなたには無理」、「イギリスではなく日本でやっていく人ですよ」、「日本のスピリチュアリズムのためにがんばりなさい」でした。異口同音に言われては、やはりそうなのかと思わざるを得ませんでした。

この日のドリスとの面会に、私は日本円にして十五万円くらい支払ったと記憶しています。もちろん気軽に払える額ではありませんでしたが、彼女はテレビやステージでゴールドディスクをもらっているほどの大物です。その時間を切り売りしてもらうのですし、私の人生が彼女から得たものの大きさを考えれば、あの一日にはお金では決して計れない価値があったと思っています。

生き方を教えてくれた霊媒たち

イギリスに通った歳月には、楽しい出来事もたくさんありました。

心霊の世界では世界中で読まれている新聞に、シルバーバーチの霊媒として知られるモーリス・バーバネルが社長をしていた『サイキック・ニュース』があります。その新聞に私はしっかり取材され、紙面に出たこともありました。日本人の青年が、熱心にイギリスのスピリチュアリズムを吸収しようとがんばっている姿が珍しく映ったのでしょう。

何回目かの渡英では、アパートを借りての長期滞在も経験しました。

六年に及ぶ私のイギリス通いは刺激に満ちていました。日本の友人たちに「イギリスかぶれ」とからかわれるほど夢中でした。

しかしその回数も八回、九回を数える頃には、私はもう自分の中で、イギリスから得るべきものは、すべて消化してしまったのを感じるようになりました。私が通っていた間に優れた霊媒が次々とこの世を去り、イギリスのスピリチュアリズムの黄金期がもはや過ぎたような印象を受けてもいました。

そして平成八年を最後に、今はまったく足を運んでいません。たまに行きたいとも思いますが、行くとしたら何かを学ぶためというより、自分自身のあの時期をふり返りたいという気持ちからです。

今思えば、あの頃、スピリチュアリズムの先進国で数多くの有名霊媒に会えたのも、霊界の導きだったように思います。

イギリスの黄金期を見ることのできた私は幸せでした。あの頃のイギリスを知らなかったら、今の私の活動はなかったと思います。霊媒にもこんな生き方がある、あんな生き方もあると教えられたことは、本当にいい勉強になりました。

ドリス・コリンズのように派手なステージ活動が向く、スター型の霊媒もいました。SAGBでペンキを塗っていたおじさんのように、職人型の地味な霊媒もいました。コラル・ポルジのように画才を生かしている霊媒もいれば、今は亡きネラ・ジョーンズのように、霊的能力を犯罪捜査に活用している霊媒もいました。あなたはあなた、私は私と、それぞれの個性や技能を発揮しながら、ただ一つの真理の普及にいそしんでいました。

霊訓にしても、私に霊的真理を確信させてくれた『シルバーバーチの霊訓』ばかりでなく、ほかにもたくさん優れた霊訓があることがわかりました。日本の心霊の世界だけを見てくすぶっていた私の思考の枠を、打ち壊してくれたのがイギリスでした。

イギリスで得たものに感謝しながら、これからは自分なりに日本で活動していこう。九回目のロンドンから去るヒースロー空港で、私は心に誓ったのでした。

五、霊能力者の真の役割

共通言語を持たない日本の霊能力者

イギリスの進んだスピリチュアリズムの世界を見てきた私は、いざ日本の心霊の世界で生き始めようと思った時、そこが立ち後れていることを改めて痛感せざるを得ませんでした。霊能力者が相変わらずばらばらに、共通言語を持たず、ほとんどお山の大将の状態で活動していたからです。「本当にこの人は、霊能を持っているのだろうか」と疑ってしまうような人さえいました。

たった一つしかない真理を、すべての霊能力者が正しく感知していれば、同じ言語で語り合えるはずなのです。それなのになぜみな我流に陥ってしまうかと言うと、一つには、多くの霊能力者が「生き神様」や「教祖」になってしまうために、横のつながりが持てなくなっているからなのです。

だからといって日本の霊能力者のほとんどがだめだというわけではありません。みんなそれぞれの経緯で霊的世界に導かれ、目覚めていっているのだと思います。ですからなおのこと、この状況を残念に思います。

もちろん中にはまったくの詐欺師《さぎし》もいるでしょうけれど、それはどんな世界にでもいます。どの世界にも本物もいれば、贋物《にせもの》もいるのです。医者に名医もいれば、藪医《やぶい》者もいるのと同じことです。世の中の人たちは、藪医者が一人いたところですべての医者がだめだとは言わないと思います。それなのに霊能力者の場合は、えせ霊能力者が一人でもいると、すべての霊能力者がだめだということにされてしまいがちです。

こうなってしまうのは、霊能力者側のみの問題ではありません。一般の人たちがもっと、霊能力者とは何であるかを理解しなければいけないと思います。

これまでのように神秘に包まれた存在として霊能力者を崇《あが》めたてまつる時代は、もう終わりにするべきなのです。

霊能力は誰にでもある

霊能力者とは何かという話に入る前に、霊能力とは何かについて理解していただきたいと思います。

霊能力者を「生き神様」のように思っている人は、一般の人は霊能がゼロで、霊能力者は百パーセント完璧《かんぺき》に、過去のことでも未来のことでも何でもお見通しだと考えているようです。

しかしそれは誤解です。霊能力は誰でも持っています。日常の中で、「勘が当たった」とか、「なんとなく閃《ひらめ》いた」ということはよくあると思いますが、その勘や閃きがいわば霊能力であり、霊感なのです。

霊能力者と一般の人の違いは、ゼロか百の違いではなく、その間のパーセンテージの違いです。ゼロの人は誰もいません。ごく普通の人でも十パーセントほどは持っていると思います。

霊能力者とは、その霊的感覚が人並み以上に広がっている人のことです。それでも百パーセントという人は一人もいません。だいたい平均して五十パーセントから六十パーセントといったところ。八十パーセントもある人は、きわめて優秀な霊能力者だと見なしていいでしょう。

「霊魂の法則」が示しているように、私たちはそもそも霊的な存在であり、肉体を持つ前に霊的世界にいました。その時は誰もが霊的感覚を全開にして生きていたのです。ところがこの世にオギャアと言って生まれたとたん、その感覚は重い肉体という物質に閉じこめられて、鈍くなってしまったのです。

小さな子どもであるうちは、それでもまだ霊的感覚が広がっているものですが、現世の物質主義的価値観に染まった大人の中で、唯物論《ゆいぶつろん》的な見方を次々と植えつけられながら育つうちに、どんどん衰えていってしまいます。

たとえば自然の色。空は青、太陽は赤、海は青と、ある程度成長した子どもの多くは言うでしょう。けれども本当に太陽は赤でしょうか。空は青でしょうか。海は青だと、誰が決めたのでしょう。どれもそんな単調な色はしていないはずです。しかしそうやって言葉として植えつけられながら育つうち、五感を超えた繊細な感覚がすべて退化していってしまうのです。

それでも比較的自由な環境に育った人には、霊的世界の話を自然と受け容《い》れられる傾向があります。霊的世界をなかなか受け容れられない人は、目に映るものしか信じない親に育てられた人に多いようです。もちろん例外もあり、唯物論的な両親に育てられる中で息苦しさを感じ、自分自身は霊的世界を受け容れるようになっていく人もいます。

世界が物質文明に覆《おお》われる前は、人間はたとえば天候ひとつでも、五感を超えた感覚で感知していたと言います。五感自体も今よりはるかに優れていました。物質文明に浸れば浸るほど、霊的感覚はもとより、五感も退化してしまいます。

今のこの地球上でも、物質文明に浸りきっていない地域の人間たちは、遠く離れたところで鳴る太鼓の音を聞いたり、はるか向こうの山を登っていく人の姿が見えたりします。それ自体、まさに超常現象、超能力ではないかと思います。

私たちの住む日本は、物質文明によって、そうした感覚をどんどん退化させてきた国の一つです。しかしもともとは非常に高い霊的感覚を持っていました。その証拠に、日本最古の文献である『古事記』や『日本書紀』は、霊的知識を前提にしなければ読み解けないことばかりです。文学の中にも、たとえば『雨月物語』など、霊的視点を抜きにしてどう解釈するのだろうかと思うような作品がいくつもあります。

霊能力者を見極める

現世の知識を蓄えるほど霊的感覚が衰えていくという事実は、実は非常に難しい問題をはらんでいます。

一般に「霊能力者は知恵を持たない人のほうがいい」とか、「霊能力者は利口ではだめ」などと言われます。ここで言う利口とはつまり、この物質界のさまざまな知識を身につけているという意味です。事実、身についた現世的知識が増えれば増えるほど、それ以外の感覚が広がらなくなってしまい、霊能も退化していきます。霊的世界からのメッセージを受け取る純粋な受信装置であるためには、余分な知識はないほうがいいとは確かに言えるでしょう。

しかしそうすると、霊能力者が理論武装できなくなり、アカデミックな心霊研究が成り立たなくなってしまいます。日本の歴史上の霊媒がたどってきた悲劇も、多くはそのために生まれたものでした。これまでの日本の有名霊媒は、いいように利用された挙げ句、叩《たた》かれてつぶされる、不幸な人生をたどりがちだったのです。

そこで言えるのは、理想の霊媒とは、能力と知恵の両方を絶妙なバランスの上で成り立たすことのできる人である、ということです。その両立の難しさを昔の日本人も痛感していたのでしょう、日本の心霊の伝統には「審神者《さにわ》」という優れた存在がありました。審神者の祖は、『古事記』に描かれている武内宿禰《たけしうちのすくね》と言われています。神功皇后《じんぐうこう》の神がかりの言葉を聞いたと伝えられている人物です。

審神者の役割は、霊媒に降りた霊がどういう霊で、その霊言が霊的真理に照らして正しいかどうかを見極めた上で、この世の言葉に解釈していくことです。役割の大きさから、審神者は霊媒より重要とも言われています。膨大な霊的知識は必須ですし、未浄化霊を説得することも多いので、大変な人格者でないといけません。

さらに私は、本当に優れた審神者とは、霊媒ほどでなくとも、ある程度の霊能力を持った人物だと思います。年をとって霊能が衰えてきた霊媒が審神者役にまわり、霊媒を育てていくのも一つのあり方だと考えます。

優秀な審神者と、純粋培養の霊媒とが一対に組んで活動すれば、不正を避けられるばかりでなく、高級霊界からのすばらしいメッセージを授かることができるでしょう。

しかし今の日本には、残念ながら優れた審神者がほとんどいなくなってしまいました。だからこそよけいに、一般の人たちが霊能力者について正しい知識を持ち、その真価を見極める目を持たなければいけないと、私は考えるのです。

霊能力者の存在意義

では、霊能力者の役割とは何でしょうか。誰でもある程度の霊能力を持っている中で、霊能力者という存在がある意義とは何なのでしょうか。

まず、普通の人より霊的世界を多くかいま見ている分、霊的世界を実証する存在でなくてはならないと思います。ところが日本では、イギリスで盛んに行われているデモンストレーションやシッティングのようなことがほとんど行われていません。私がかつて訪ねた二十人近い霊能力者たちも、「あなたは今日、何を相談したいんですか」という質問から始める人がほとんどでした。

心霊相談に徹するならばそれでもいいでしょう。しかし、霊能力者であるという特質を打ち出していくにあたっては、最初に相手から情報を聞き出しては意味がないと思います。自分が知り得た霊的世界の真相を一人でも多くの人に伝えて、その人のたましいを目覚めさせたいと願うなら、霊能力者のほうから先に、その人に関して霊視されることをどんどん提示していくべきなのです。

もちろん霊能力者と言えど、何でもお見通しというわけにはいきません。霊的世界の五十から六十パーセントを視《み》ているにすぎないことは、先ほど書きました。その上、人間である以上はスポーツ選手と同様、神業とも言えるほどの力を発揮する時もあれば不調な時もあることは避けられません。

しかし霊的世界の実証を、相手を納得させるに足るだけ与えることができたら、霊能力者は自分の役割を果たせたことになると思うのです。そして相談者のほうは、与えられた実証を大事に受け取り、スピリチュアルな人生に目覚めて、自分の人生を自分の足で歩んでいくための哲学にしていけばいいのです。

心霊相談とは、そういうものであるべきです。ただ「当たった」、「外れた」と騒ぐこと自体、あまりに現世利益《りやく》的なのです。

十分に与えられた実証によって相談者が自分自身の人生観を変えられるか否《いな》かは、

霊能力者の問題ではありません。ひとえに相談者側の感性の問題です。どんなにすばらしい実証を与えられても何の感動もない人もいれば、ほんのわずかな実証でたましいを大きく震わせ、残りの人生を真実のある生き方へと、劇的に変えていける人もいるのです。

しかし現実は、霊能力者も、相談者側も、そのことをよくわかっていないように思います。相談者は、目先の現世利益ばかり求めてくる。霊能力者のほうも商売で心霊相談を行っている以上、それに対して完璧に答えようとする。霊能力者をめぐるトラブルの多くのもとは、そこにあると思います。

なぜ間違いが起こるのか

霊能力者をめぐるトラブルの原因を、より詳しく考えてみましょう。

まず相談者のほうは、今書いたように、目先の現世利益しか考えていないところが大きな問題です。

お金を儲《もう》ける方法、恋愛を叶《かな》える方法といったあまりにも現世利益的な助言ばかり、霊能力者に要求しすぎているのです。霊的世界の方々が、霊能力者を使ってこの世に伝えようとしているメッセージは、そんな次元のことではありません。

私自身も十五年間、スピリチュアル・カウンセリングを続けてきた中で、そういう困った相談者をたくさん見てきました。どうすれば株で儲けられるか、どうすれば不倫相手を離婚させることができるか、どんな手を使えば遺産を多くぶんどれるか、云々《うんぬん》。

一人でも多くの人にスピリチュアルな人生に目覚めていただきたいという思いで心霊相談を始めた私も、さすがに肩を落としてしまうことがあるのです。

そこをいかに乗り越えるかということも、スピリチュアル・カウンセラーとして生きる私に課せられた学びなのかもしれません。私に限らず霊能力を持つ者はすべて、霊能力者といえどもつねに生身の人間としての「人間力」を問われているのでしょう。

非常に優秀で、純粋な動機から始めた霊能力者も、その失望のくり返しで腐ってしまえばおしまい。新聞の紙面を時おりにぎわす悪徳霊能力者には、そこで腐ってしまった人たちもいるのだろうと思います。「どうせ世間の人たちなんて現世利益しか求めていないんだ。現世利益でつれば、何でも言うことを聞くような人たちなんだ」と思うようになり、それを実行にまで移してしまった人が、壺《つぼ》を何十万円で売ったり、高額のお布施《ふせ》を積まないと災いに遭うなどと脅している人たちなのかもしれません。

相談者たちが現世利益にばかり走らず、霊的真理を純粋に求め、自分の言葉をきっかけにスピリチュアルな人生に目覚めてくれるような人ばかりだったら、霊能力者はお金をだましとろうなどとは考えないはずです。その純粋な心まで利用する霊能力者がいるとしたら、人間的にも霊的にも、よほど腐り果てた人物に違いありません。

次に霊能力者側の問題です。霊能力者が、百パーセント確実ではあり得ない霊能力を仕事に使おうとするとどうなるか。

仕事である以上、完璧《かんぺき》に答えなければならないとたいていの霊能力者は考えます。そこで多くの霊能力者が、不安であるゆえに、宗教的な哲学に頼るようになるのです。

歴史の中で既に確立されている宗教哲学をよりどころにすれば、世間の人々に対しては説得力があるし、自分も楽だからなのでしょう。完璧ではあり得ない霊能に頼る部分を少なくして、宗教の権威を盾に、守りに入ってしまうというわけです。世の中の霊能力者たちが「お釈迦《しやか》様のおかげですよ」とか「イエス様のお力です」など、ばらばらな用語を使い出すのはそのためです。

しかしそれ自体が霊能力者として間違っています。不安を持つのは「小我」のなせる業であり、現世という場で完璧を期そうと力むのも「小我」のなせる業。霊能力者という仕事には「小我」を出してはいけないのです。あくまでも霊的真実を伝える「技術者」であり、霊的世界の「道具」なのですから。

一般の人は心霊と宗教を混同して考えがちのようですが、両者はあくまでも別のものです。霊的世界をまっ白な紙とすると、宗教というものは、その上に人間が描いた「柄」なのです。

宗教をよりどころとする霊能力者ほど、霊的真理からはかけ離れていってしまいます。もちろん宗教者として活動している人は別です。ただ、霊能力者として活動するなら、宗教色をあまり持たないか、持つとしても宗教と心霊的な事柄とを区別しておくのが正しいあり方だと思います。

現実の日本の霊能力者は、あまりにもその両者を混同しているように思います。西洋にももちろんそういう傾向はあります。ただ西洋はキリスト教徒が多いので、あまりそれが目立たないというだけです。日本は多神教ですから、どうしても多彩さが目立ってしまいます。

日本の霊能力者の間に共通言語が成り立っていないのは、こうした理由からなのです。

霊能力者は自分で選ぶ時代

霊能力者をめぐる状況は、長らくこのようなトラブル含みのものでしたが、霊的世界の大いなる計らいにより、ゆっくりとですが、正しい霊的真理が一人ひとりのたましいに届こうとしています。

もはや霊能力者を、「生き神様」や「教祖」として崇《あが》めたてまつる時代は終わらせなければなりません。霊能力者は一技術者です。人々をスピリチュアルな人生に目覚めさせ、霊的真理を伝えていくことが本来の仕事。占い師のように、「当たった」とか「外れた」とか言って騒ぐ対象ではないことも、わかっていただけたと思います。

霊能力者は魔法使いと違い、人生を変えてはくれません。幸福も与えてはくれません。霊能力者を名乗る人も、「あなたの人生を変えてさしあげましょう」なんて、決して傲《おご》ってはならないのです。

霊能力者の誰それに会えば幸せになれる、などということがまかり通るとしたら、会いに行けない大半の人に不公平が生じてしまいます。

何か特定の宗教を信じれば幸せになれるというのも絶対に嘘《うそ》。それが本当ならば世界中の人たちがそれを信仰すればいい。しかし真理に照らせば、信じただけで幸せになるなど、あり得ない話なのです。

霊能力者からもらえるもの。それは、「人生の地図」だけです。

それを受け取り、スピリチュアルな人生に目覚め、真の幸せを獲得していくのは一人ひとりが自分ですることです。

また、できるだけ精妙な地図を手に入れるためには、優れた霊能力者を一人ひとりが自分の感性で探し出さなければなりません。「この人の言っていることは腑《ふ》に落ちる」、「この人はどこか矛盾している」ということを、それこそ審神者のごとく、自分で見極めていかなければなりません。

これは医者探しと同じ道理です。

ひと昔前までは、医者の言うことは絶対で、何を言われても逆らってはいけないと考える風潮がありました。ところが今は、多くの人がいかに医者を利用するかを考える時代に変わってきました。患者側からどんどん質問して、この医者は合わないと思ったらさっさと病院を変えるということが普通に行われるようになっています。とても健全な、ある意味では当たり前の状態になってきているのです。

霊能力者も同じ。自分で探して、選ぶ時代です。自分自身の哲学を打ち立てるために、一人ひとりが霊能力者を利用する時代です。「生き神様」として拝んで依存するなんて、もはや時代錯誤も甚だしいのです。

六、「人生の地図」を示していきたい

スピリチュアル・カウンセリングの意味

霊能力者や心霊相談の意味と役割を理解していただいたところで、私自身の話に戻りましょう。

私は十五年前にこの仕事を始めて以来、のべ何万という人々の相談を受けてきました。その間私は、一人ひとりの悩みへの助言を通じて、私が会得《えとく》した「人生の地図」を一人でも多くの人に示し、役立てていただきたいと思ってきました。

誰しも生きていれば思いもかけなかったトラブルに遭いますし、悲しい別れも経験します。眠れないほどつらい日々もあります。しかしその一つひとつが、霊的視点で見ることにより、不幸とは思えなくなるものです。思えないとしたら、それはまだ真の理解には至っていないということ。しかしそこで焦《あせ》ってもいけません。本当に真理を理解するには、身をもっての経験をたくさん積んでいくしかないからです。どんな

悩みも経験していること自体に価値があるのであり、経験を積めば積むほど、そして霊的真理を会得すればするほど、悩みや苦しみは、むしろ喜びと感謝にさえ変えていけるのです。

その境地までたましいが目覚めるように、私は個々の相談者の悩みに寄り添い、助言をしてきたつもりでした。一つの悩みを霊的視点で解決することがきっかけとなって、その人の「たましいの眼」が開かれてほしい。その後の人生で起きることも、その「たましいの眼」を応用することで乗り切ってほしい。そんな願いをこめながら。

それだけに、相談者に「先生の言葉で生き方を変えることができました」とか、「自分が経験してきたことの意味がわかり、ものごとに対する見方が変わりました」といったようなお礼状をあとでいただくと、本当に嬉《うれ》しい気持ちになるものです。私の助言が一種のカンフル剤となって、その人の「たましいの眼」が開かれたのだろうと思うからです。

私もかつてそうだったように、スピリチュアルな人生に目覚めるきっかけは一人ひとりに必ず訪れます。そのきっかけとなる悩みや苦しみは、その人その人により、何であっても構わないと私は思います。何も高尚な悩みでなくともいい。失恋や不倫といった恋愛にまつわる悩みでも大いに結構だと思います。

十数年来私が主催している月に一度のスピリチュアル講座には、私の書いた本や雑誌記事を読んだり、スピリチュアル・カウンセリングを受けたりしたことがきっかけで霊的世界に目覚めた二十代、三十代の女性が大勢通ってきています。今は熱心にスピリチュアルな生き方を学ぶ彼女たちも、その出発点はほとんどがみずからの恋愛のいきづまりでした。その苦しみの中で霊的真理の一端にふれたことが、カンフル剤となってたましいが目覚め、人生やたましいというより大きな視点を持つようになったのです。私は、それはそれですばらしいことではないかと思うのです。

私が雑誌や著書で恋愛について語ると、「人の生き方を説く霊能力者が恋愛に言及するなんて下世話だ」と批判する人がいますが、私自身は決してそうは思っていません。

こうした「たましいのカンフル剤」としての役割が、私の行っているスピリチュアル・カウンセリングの意味の一つだと考えています。

このほかにもう一つの役割があります。「たましいの応急処置」としてのスピリチュアル・カウンセリングです。本人ではどうにもできなくなっている苦しみに対して助言をしたり、時には除霊を行うのです。

第二章の「階層の法則」でふれたように、人間には、肉体の年齢のほかに「たましいの年齢」があります。「たましいの年齢」とは、前世をも含めたその人のたましいが、これまでにどれだけ多くの経験と感動を積み、たましいを成熟させてきたかを示す尺度のことです。

肉体の年齢を重ねていても、「たましいの年齢」が幼い人はたくさんいます。そして、たましいの年齢が幼い人には、自分の苦しみを自分で解決できないことがよくあるのです。たましいの経験が足りないために、人生を俯瞰《ふかん》する大局的な視点を持てず、目先のトラブルにとらわれてしまうためですが、それはある程度は仕方のないことなのです。

ですから私は「この苦しみをどうにかして！」と言ってくるその人の身になって、応急処置をしてきたのです。

たましいの幼さを、悪いというのでは決してありません。その人は単に、たましいの成長が、たまたま初めの段階であるというだけ。今はたましいが大人の人も、はるか昔の前世では、たましいの赤ん坊として生きていたのですから。

真理の普及が先決

しかし、そうしたスピリチュアル・カウンセリングを長年続けていると、虚《むな》しい気持ちに襲われてしまうことがあります。現実には、「カンフル剤」としての相談よりも、「応急処置」としての相談の方が多いため、なかなか「人生の地図」を普及させていけないジレンマを抱えているのです。

たましいの幼い相談者たちは、本当に幼い子どものように「この傷をどうしよう」、「このコブをどうしよう」と言ってきます。自分の悩みが誰よりも深いかのように「今すぐ助けて！」と訴えてきます。では仮に私がその傷やコブを癒《いや》したとしましょう。でも次の傷ができると、またも自分では対処できずSOSを出してくるのです。

何かが起きるたびに絆創膏《ばんそうこう》を貼《は》ってあげるようなスピリチュアル・カウンセリングよりも、ほかにやらなければならないことがあるのではないかと、いつからか私は思うようになりました。そんなカウンセリングを続けていたら、私の一生で指導していける人はほんの数人に終わってしまうでしょう。

単に幼いだけでなく、「本当に困ったな」と思うような人も多く、頭を抱えることもしばしばでした。

たとえば、対人関係の問題で悩んでいるある女性は、相談に見えた数日後、私に電話をかけてきてこう言いました。

「先生のところへ行ったのに、何も変わらないじゃないですか」。当たり前です。自分が変わらなければ何も変わらないのは、子どもでもわかることです。私のことを、会っただけで幸せにしてもらえる「生き神様」だとでも考えていたのでしょうか。

相談の予約にまつわるエピソードも数知れません。

私のオフィスでは、一時期、スピリチュアル・カウンセリングの予約日を決めて、その日にいっせいに電話をしていただくことにしていました。

当日は受付開始時間から電話が鳴りっぱなし。スタッフは片時も受話器を手から放すことができません。この状態は、予約の枠がいっぱいになるまで続きます。

しかし本当に大変なのは、受付を締め切った翌日以降です。クレームの電話の嵐《あらし》に見舞われるのです。

「昨日は会社まで休んで電話していたのに全然つながらなかった。ひどいじゃないですか」。「ずっと受話器を持っていたので手が痛くなった。どうしてくれますか」。ちょっと待ってください。自分のために相談に来るというのに、なぜこちらのせいにするのでしょう。

「毎回電話しているのにちっとも予約が入れられない。何度も視《み》てもらっている人もいるらしいのに、不公平だ」。そうは言いますが、この人は自分の予約が入れられれば、「不公平」とは思わないのではないでしょうか。その矛盾にも気づかないなんて。

こういう人たちに、私は言いたくなります。「人を押しのけてまで幸せになろうとする人は、因果の法則によって、人に押しのけられますよ」と。

とうとう私は、カウンセリングをしばらくお休みすることにしました。

自分自身の行いも理解できない人たちに、一人一時間の面会時間を割いたところで、何の意味もなさないのではないか。それよりもその時間を執筆や講演活動に向けて、スピリチュアルな人生を真理に飢えている多くの人々に示していくことのほうが、はるかに有意義なのではないか。そう思ったからです。

一人ひとりが人生の中で直面する状況に際しての考え方を、逐一語っていくことは確かに大切です。しかし、ありとあらゆるバリエーションを事細かに語り続けていては、とてもではないけれど、きりがありません。人生の細部を凝視することも大切ですが、人生を俯瞰する大局的な見方もできなくては、有意義な人生にはならないことをわかっていただきたいのです。

「人生の地図」は、その両方を含むものです。大局を示しながらも、ありとあらゆる細部に対する指針も必ず含んでいます。

この「地図」があれば、みんなが自分の状況を俯瞰し、問題を解決していける。スピリチュアルな人生に目覚め、「たましいの大人」への道を歩んでいける。私はそう思い、「人生の地図」の普及こそ先決であると確信したのでした。

霊界と現世の食い違い

スピリチュアル・カウンセリングを通じてもう一つ痛感していたのは、霊的世界の方々の願いを現世の人たちに理解してもらうことの難しさです。

真理にいまだ目覚めない人たちがカウンセリングで私に尋ねることと言えば、現世利益《りやく》をいかにして得られるか、いかにして物質的な欲望を叶《かな》えられるかというようなことばかりでした。仕事や恋愛の成功、財産や地位を得ること、家族や自分の健康など、現世的な視点での「幸せ」ばかりを望むのです。

もちろんこれらを得て味わうことも人生の学びの一面です。大いに経験すべきでしょう。しかしこれらにあまりにもこだわりすぎ、そうでなくなることを恐れるのは現世利益的生き方であり、一番大切な霊的成長を望まない生き方であると言えます。

霊的世界の方々の考えは、これらと正反対であることが多いのです。

現世の人が思う不幸は、霊的世界から見ると幸せであり、現世の人が思う幸せは、霊的世界から見ると不幸なのです。

赤ん坊の誕生は、現世の人にとっては喜びですが、霊的世界から見ると、この世という物質界で新たな経験を積むべく、苦労の旅に出発していくという、悲しみなのです。そして人の死は、現世の人にとっては悲しみですが、霊的世界から見るとこの世での修行を終えて、たましいがあの世に帰ってくるという、喜びなのです。

霊的世界の方々は、現世で生きる私たちの仕事や恋愛が成就《じょうじゅ》するか否《いな》かには関心がありません。うまくいくかどうかは二の次なのです。それよりも、失敗してもいい、失恋してもいい、貧乏に泣いてもいいから、さまざまな経験を通じて、私たちが喜怒哀楽の感動をたっぷり味わい、たましいを震わせ、豊かに成長していくことだけが、霊的世界の方々のもっぱらの関心の的であり、切なる願いなのです。

その大きな隔たりをいかにうまく調和させて、現世側の人たちに霊的真理を伝えられるかが、霊能力者の力量にかかっている重要なポイントです。そしてそこが、霊能力者が本来の役割を果たせるか否かの分岐点だと思うのです。

残念ながら、世間の霊能力者にはお人好しが多いのか、現世側に立ってしまうことが多いようです。しかし前にも書いたように、霊能力者がそのまま流されていたら、相談者たちの現世利益の欲望に圧《お》され、みずからのたましいまでも腐ってしまいます。

もっとも、まともに霊的世界側に立った心霊相談など、現実の生業《なりわい》としてはなかなか成立しにくいのも事実でしょう。

「私は今、すごく苦しんでいるんです」。「よかったですね。あなたの守護霊様はとても喜んでいますよ。もっとたくさん泣いて、たましいを震わせてください」

「失敗したらどうしましょう」。「どんどん失敗してください。悔やんだり苦しんだりする経験は、たましいの宝なんですから」

「私は病気で、もう余命わずかです」。「安心してください。たとえそうなったとしても、たましいのふるさとに里帰りするだけですよ。誰でも死ぬのです。人によってそれが早いか遅いかが違うだけ」

こう言われてすぐに納得できるのは、よほどたましいの成熟した相談者に限られると思います。

でも、実のところ、これが霊的世界の真実なのです。相談者たちに、私が本当に言いたいことなのです。

それを世の人たちにわかってもらえるまで、私は真実を伝えていきたいと思います。ただの応急処置的カウンセリングだけで、私の一生を漠然と終わらせたくはありません。だから今、カウンセリングよりも執筆や講演の活動に中心を移しているのです。

そんな私のもとに、あちこちから苦情や中傷も聞こえてきます。

中でも私がいちばん嫌いな言葉があります。

「あなたは神様に選ばれた人でしょう。だから人のために生きなくてはならないのに、どうして相談をやめるんですか」

「あなたは人を助けるために生まれた聖職者だから、人に尽くさなければいけない」

いったいどんな意味で「選ばれた人」などと言っているのでしょう。人間のたましいの価値はみな同じです。すべてのたましいが例外なく尊い存在ですし、「選ばれた人」という言葉を使うならば、この世の中のすべての人が「選ばれた人」なのです。

仕事にも貴賤《きせん》はありません。霊能力者や宗教者、医者や学校の先生だけが「聖職者」ではないのです。何の仕事をしていようが、全員が「聖職者」です。いや、全員が「聖職者」の自覚を持って、他のたましいに奉仕しながら生きるべきなのです。

それなのに「あなたは神に選ばれた」なんて言うのは、責任のなすりつけではありませんか。依存心に満ちた生き方をしているからこそ出てくる言葉なのではないですか。

「人を助ける」という部分にも疑問を感じます。「選ばれた人」と言えば聞こえはいいけれど、私はちっとも讃辞《さんじ》だとは思っていません。何のことはない、現世利益の奴《ど》隷《れい》という意味なのだろうと思うからです。

カウンセリングよりはるかに大事なこと

私が個別のスピリチュアル・カウンセリングを休止して、むしろ霊的真理を広く伝えることに徹しようと決心したのは、以上のような経緯から、そのほうが本当の意味で「人を助ける」ことになると思ったからです。「人生の地図」を普及させることのほうが、百倍も千倍も人の助けになり、霊界の助けにもなると思ったからです。

霊的真理を前提としない心霊相談には意味がありません。私などは個人的に、心霊相談そのものが不要だとすら思っています。

現に私自身は、霊的世界からの助言など滅多にもらえていません。「霊能力があると、自分の人生について何でもわかるからいいですね」とよく言われますが、とんでもない誤解です。前にも書きましたが、私も一人の人間としての葛藤《かっとう》を抱えて生きています。悩みも迷いもありますし、失敗や後悔もたくさんしています。

けれども、苦しいからといって指導霊に尋ねたところで、何も教えてはくれません。返ってくる答えは、何の具体性もない、まるで禅問答のような言葉ばかりです。

「ぬしの人生じゃ。わしが答えていたら、ぬしの人生ではなくなる」

「ぬしはまだ若い。安心して一から学べ」

「できるときはできる。できないときはできない」云々《うんぬん》。

しかしそうした答えも、時がたてば自分の中でおのずと意味がわかってくるものです。今までもそうでした。いずれも後になってみれば、苦しみの渦中に具体的な助言をいただけなかったことを、かえってありがたかったと思えてくるものです。

私たちは霊的世界や守護霊の操り人形ではありません。もしも操り人形だったら、この世に生まれてくる必要も、生きている意味もありません。霊的世界にいたまま、守護霊の直々の指導を受けていればいいのです。

しかし私たちは自由意志というすばらしい宝を持った人間です。人生を自分自身で考え、自分自身で選び取ってこそ、大きな学びが得られるのです。他力本願でなく、自力本願で生きてこそ、生の喜びが満ち、自信が湧《わ》いてくるのです。

高級な霊ほど具体的な助言をしないのは、そのためです。現世の人に対して強く指図したり、現世利益的な質問に事細かに答えてくれる霊は、未浄化な低級霊です。そんな霊に指図されるよりは、失敗して泣くことになろうが、悔やみきれない過ちを犯そうが、自分自身のたましいを自由に表現しながら生きていくほうが、はるかにすばらしいのではないでしょうか。

よりどころはただ一つ、「人生の地図」さえあればいいのです。私自身もいつもこの「地図」に照らし合わせて、人生の岐路を乗り越えてきました。

一人ひとりが「人生の地図」を持てば、もはや私のスピリチュアル・カウンセリングなども、不要になるでしょう。たまに行うとしても、一人あたりの相談時間が今までの一割で済むと思います。「ああ、それは波長の法則ですね」。「因果の法則で返ってきただけですよ」。「それは宿命ではなく、あなたが作った運命です」。こうした一言だけで足りるようになるはずです。

さらに理想的なのは、一人ひとりがそこのところの判断さえ自分でできるようになることです。そうすれば私がよく冗談で話す「霊能力者撲滅」や「霊能力者要らず」の世の中が現実のものとなるでしょう。

私は自分自身のことを、特別に優れた霊能力者だとは思っていませんし、優れた霊能力者である必要もないと思っています。霊的世界の実証のために、自分の人生を費やそうなどとは思わないからです。

第一もはやそんな時代ではありません。今は、霊的知識を、スピリチュアルな人生に目覚めるためにフルに活用していく時代なのです。

私の役目はただ、そうした流れの中で、「人生の地図」を示して生きていくことです。そして、すべての人が「地図」を実践して生きていける日を目指して尽力していくことです。そのために必要なだけの霊能力を与えられ、その分を精いっぱい発揮していけたら十分ではないかと思っているのです。

七、人生の地図とともに生きる　～実践スピリチュアリズムへ

霊的真理は感性でしかわからない

霊的真理とは空気のような存在です。空気を意識しようとしまいと、誰もがその中で空気を吸って生きているのと同じで、霊的真理も、自分と関係あるとかないとか、信じる信じないとかいうものではありません。霊的真理を信じないという人は、「空気なんておれは信じないんだ」と言っているようなものなのです。

霊的真理とはそういう存在ですから、誰にでも会得《えとく》することはできますが、ただし会得するために欠かせないものがあります。

それは、たましいの感性です。霊的真理であるだけに、霊的感性で感知するしか道はないのです。霊を視《み》ることのできる人でも、頭脳の優れた人でも、霊的感性が乏しければ真理は身につきません。

私の開いているスピリチュアリズムの講座の参加者や、スピリチュアル・カウンセ

リングに来る相談者には、大きく分けて三種類の人たちがいます。何かの宗教を通じて世界観、人生観を築いてきた人。霊だの宗教だのを一切否定して生きてきた人。そしてそのどちらでもない、ごく普通の人たちです。

このうち私が一番好きなのは、ごく普通に生きている人たちです。非常に純粋無垢《むく》なたましいを持った人が多いからです。前にも書いたように、講座の多くの参加者は、恋愛や家族、仕事などの悩みがきっかけで、私の話を聴きに来るようになりました。ごく身近な悩みをきっかけに人生を奥深く知りたいという思いに至ったこの人たちが、私は一番すばらしいと思っています。

次に好きなのは、意外かもしれませんが、霊的世界の否定論者です。否定論者の中でも、肉眼で見えないからといったような理由だけで頭ごなしに否定する人たちは、想像力のかけらもなく、科学的でもない、実に困った人たちだと思います。しかし、自分なりの理屈の中で肯定できずにいる人たちは、議論の余地は有しています。

私の講座に「霊的世界など信じられない」という人が来ると、私は逆に質問します。「ではなぜあなたはこの世にこうして存在しているのですか。何のために生きているんですか。それでは虚《むな》しいでしょう」、「死後の世界は存在しないと目くじらを立てるけれど、あったらそんなに困るんですか」。するとたいていの人は口ごもってしまいます。否定論者には、深く問われればぐうの音も出ない部分があるのです。

また否定論者は、いったん霊的真理に目覚めると劇的に変わり、真理の普及を担《にな》う非常に大きな力となる可能性も秘めています。現にスピリチュアリズムの歴史の中でも、かつては否定論者だった多くの人たちが、偉大な功績を残しています。

かのコナン・ドイルも、霊的真理を信奉する前は、作家である以前に科学者としての視点から、霊の世界に挑んでいました。

『シルバーバーチの霊訓』の霊媒モーリス・バーバネルもその一人。彼はもともとジャーナリストで、霊的な世界を信じないどころか、馬鹿《ばか》にして生きていました。ところがあるきっかけで仕方なく参加した交霊会で、居眠りをしている間に、なんと自分自身が霊媒になって語っていたのです。この衝撃的な出来事を機に、彼の考えは百八十度転じて、霊的世界の普及の熱心な担い手になりました。

私がもっとも苦手としているのは、特定の宗教の信仰者です。霊的真理をもっとも受け容《い》れられない人たちだからです。ドグマの中で生きているため、共通言語を持ちにくく、否定論者以上に霊的真理が入り込む余地を有していません。

何かの宗教にすがれば幸せになれるという考え自体が、そもそも霊的真理に反しています。もっときちんと考えて生きてほしいのです。何かを信じたり拝んだりしただけで幸せになれるなんて、第一不公平だし、あまりに単純すぎます。

彼らにありがちな、特定の人物が世界を救ってくださると信じる聖人願望も、実に困ったものだと思います。本来は一人ひとりが聖人であり、救世主として生きねばならないのです。主体性を放棄した生き方は、幸せとは遠いもの。たましいの成長も遅れてしまいます。

宗教そのものを否定しているわけでは決してありません。一つの宗教を信仰しながらも、非常にリベラルな考え方を持った人たちも大勢います。

私はただ、宗教を盲信し、それにすがって自分の頭では何も考えないという生き方では虚しいと言いたいのです。

「人生の地図」は実践あってこそ

「人生の地図」を手に入れ、スピリチュアルな人生に目覚めたあなたは、それだけで真の幸せへの入口に立てていると言えます。一度会得した「人生の地図」を、どうぞ自分のものにしてしまってください。あなたのたましいに刻まれたものは、もうあなたのものです。

しかし、「地図」に表現されているすべての意味を知り、その奥深さを感じ、より有効に活用できるようになるには、たくさんの「経験」を積む必要があります。

「賢者は歴史に学び、愚者は経験に学ぶ」という言葉がありますが、現世に生きている私たちは、残念ながら基本的に「たましいの愚者」、もしくは「落ちこぼれた天使」です。「たましいの賢者」ならば、生まれてくる必要はありません。学ばなければならないテーマがまだまだあるからこそ、この世に修行に来ているのです。

それでも人生経験が豊富な人は、「人生の地図」を比較的すんなり理解できるものです。「地図」と照らし合わせることのできる自分自身のさまざまな経験が、理解を大きく助けてくれるからです。人生経験のまだ浅い人は、頭ではわかったとしても、実感レベルでの理解にはなかなか至りません。

しかしたまに、まだ年若く、人生経験が浅くても、「地図」をよく理解できる人がいます。そういう人は、今回の人生ではまだ経験が少なくても、たましいの歴史、つまり類魂の中にたくさんの経験があるのです。いわば「たましいの歴史に学ぶ」ことのできる、「たましいの賢者」たちです。もちろんそのような人であっても、この世に生まれてきた以上、さらなる経験を積むことが大切なのは言うまでもありません。

いずれにしても、「人生の地図」を手に入れた後で大切なのは、「地図」を実践して生きることです。行動をもってさらに理解を深めることです。それが私の提唱する、

「実践スピリチュアリズム」のあり方です。

何事も、本当に理解しているかどうかはその人の行動を見れば一番よくわかるものです。華道や茶道だって、どんなに難しい理論をふりかざし、どんなに豊かな蘊蓄《うんちく》を述べたところで、実際の作品が心を打つものでなかったら、その人はその道の心を本当に分かっているとは言えません。

霊的真理も同じです。行動が伴わない、身をもって行動することのない、知識だけのスピリチュアリズムは不毛です。みずからの細胞の深部にまで浸透し、行動すべてに行き渡ることのない真理には、意味がないのです。

心に「地図」を持って生きる幸せ

「人生の地図」を心に据えて生きる人は幸せです。

「地図」とともに生き始めると、さまざまな悩みや苦難が生じても、そのたびに慌《あわ》てたり嘆いたりすることがなくなります。霊能力者や占いに答えを求めることもなくなります。「地図」の全容を把握していたら、今の自分が置かれている状況が俯瞰《ふかん》でき、どう考えたらいいのか、どう行動をとったらいいのかが自分で判断できるようになるからです。

きわめて卑近な例を出してみましょう。うまい宣伝文句につられて、粗悪な健康器具を買わされてしまったとします。法外な値段を払ったのに、ちっとも効き目がないとなると、自分を「被害者」と思ってしまうのが人の常です。「だまされた」だの「悪質な会社を訴える」だのと騒ぎ立てます。

しかし「地図」を心に持っている人ならば、ここにも「波長の法則」と「因果の法則」が働いていたということを冷静に認識できなければなりません。そんな事態になってしまったのは、詐欺《さぎ》的な商売と引き合ってしまった自分の波長のせいなのです。健康器具さえあれば健康になれると思ったのも、自分自身の打算というカルマです。「被害者」だなんて言えるでしょうか。

このように霊的真理を知れば、「人生のどんなことでも人のせいにしないで生きる」ことができるようになります。

何でも人のせいにして生きるのは、楽なようでいて、実はものすごくつらいことです。あの人のせいにし、この人を恨み、まわりの環境が悪いだの、自分は被害者だのと言って生きていたら、いつまでも苦しみがあるばかり。つまらないだだをこね、要求ばかりする子どものように、不平不満と依存心の中で生きていくことになってしまいます。たましいもくすみ、歪《ゆが》んでいきます。そのために病気にもなるし、人生のあらゆることがうまくいかなくなっていきます。

それに比べて、霊的真理に沿って歩む生き方は、すばらしいことばかりです。自分の波長とカルマに責任を持って生きるということは、すべてを前向きに受けとめていける生き方だからです。

高い波長を持ち、良いカルマを積んでいれば、人生は常に喜びに満たされます。不安や苛《いら》立《だ》ちの代わりに、安心と平和を常に心に満たすことができます。たとえ悪いことが起きても、それは災いや被害などではなく、自分のたましいが向上するために自分自身が出した宿題だと受けとめられます。

また、霊的真理はすべての人に等しく働く法則ですから、他人を変えることも、他人を裁くこともできないことがわかります。

あなたが変わってほしいと思う相手にも「波長の法則」と「因果の法則」が働いていますから、いつか必ず気づかされる日が来るのです。もちろんその人を思う気持ちから、できる範囲で忠告したり、気づかせてあげようと努力するのはいいことでしょう。けれどもそれで相手が目覚めなかったからといって、あなたが焦《あせ》る必要はないのです。

私が数々の著書や講演を通じて伝えようとしている「幸せ」は、まさにこういうことなのです。一人ひとりが「責任主体」として生きること。「自己責任」を持って生きること。これ以上の幸せも自由もないのです。

実践は身近な一歩から

この世の中の全員が、今書いたような本当の意味での「幸せ」になり、限られた生の時間を充実させることができたら、この現世はたちまち「天国」になります。

別の言い方をすると、一人ひとりが「救世主」なのです。誰か特定の個人が強力なリーダーシップをとってこの世を変えていくということはありません。そんな人物の出現を待っていても無駄です。一人ひとりが一歩ずつ、日常の中で自分自身をよりよく変えていくことが、世の中全体にとっても大事なのです。

私の指導霊、昌清之命《まさきよのみこと》は言いました。「悟りとはいと高きところにあるのではない。ぬしらのまわりに小さな悟りがある。それらを一つひとつ悟っていくことによって、やがて大きな悟りとなる」と。

みなさんも、日常生活の中にあるさまざまなメッセージに気づいて、一つひとつの悟りを大事に生きてください。いきなり大きな悟りに至らなくてもいいのです。むしろ私は、小さな悟りを重ねることなくして、大きな悟りに至ることなど無理だと考えています。いきなり大きな真理を頭に植えつけようとしたところで、それは知識としての真理にすぎなくなります。実感のこもらない、現実味のない、ただの美辞麗句になってしまうのです。

私が著書や講演で、「平和」や「人類愛」といった大きなことよりも、誰の人生にもある「恋愛」や「家族問題」などの、身近な悩みやつまずきを中心に語っているのはそのためです。人間にとっては、実は「平和」や「人類愛」といった大局を語るほうが簡単なのです。自分自身の闇《やみ》の部分から目をそらさず、ありふれた日常から地道に学んでいくことのほうが、よほど勇気の要る、困難なことなのです。

しかし、恐れることなく自分自身を見つめ、ほんの身近な一歩から、「人生の地図」の実践の道を歩み始めた時、あなたは大きく成長します。

「人生の地図」をもって解けない疑問はないし、出口を見出《みいだ》せない苦悩もありません。必ずそこに答えがあり、癒《いや》しがあります。どんな時も、あなたが再び歩き出すための知恵があり、力を与えてくれる愛があります。

「心の乱世」の今だからこそ　～あとがきに代えて

私がスピリチュアルな人生に目覚め、「人生の地図」を人々に示して歩むことを決めたのは、今から十五年前。以来私は、まさしく日増しに忙しくなっていきました。個人カウンセリングに始まり、雑誌や書籍、テレビ、そして全国各地での講演会。活動の場はどんどん広がり、忙殺の日々を送るうちに、気がつけば表舞台へと進出していました。その勢いは、大いなる霊的な力が私を後押ししているのだと確信できるほどの目覚ましさでした。

大いなる霊的な力は、なぜ私を表舞台へと後押ししたのでしょうか。それは今の世の中が、私の提唱するスピリチュアリズム（霊的真理）を求めているからではないかと思うのです。私たちの目や耳に日々入ってくるニュースは、殺人、かけひき、だましといった暗く重たいものばかり。そしてそれらに対する私たちの感覚も徐々に麻痺《まひ》してしまうほどに、今の日本は「心の乱世」を迎えてしまっているのだと感じます。

今、多くの人々が生きる喜びや希望を失っています。明るい希望を抱かせてくれる何かを求めても、政治家は自己保身に懸命で、国民に本当の希望を与えることができずにいます。学識者の意見や思想に耳を傾けても、現象の論評や分析の域を出ないことが多く、人生の核心にふれる言葉はほとんどありません。希望をもたらすはずの宗教も、多くはまるで企業のような組織になってしまい、たましいからの安らぎを人々に与えることは難しいありさまです。

どこにも光を見出せず、追い詰められていくたましいたち。この閉塞《へいそく》した状況が、自殺の激増という不幸な社会現象を生んでいるように思えてなりません。

学識者たちは、私のような、世に言う霊能力者など相手にもしません。科学的にまだ証明されていないという理由だけで、霊的真理にも耳を貸そうとしません。歴史をひもとけば、たとえばリンカーンアメリカ大統領が霊界の助言に基づいて奴隷《どれい》解放をしたというような史実もあるというのに。そして今も、いえ今こそ、人々が求めているのは霊的真理だというのに。

人々は今、難しい学術的な論説よりも、人はなぜ生まれ、なぜ生きる必要があるのかといった、もっとシンプルで根源的な問いへの答えを求めています。そして、いつ自分が殺されたり難病にかかったりするかわからない不安な世相の中で、死の意味、たましいの真実を模索し始めているのです。だからこそ私の言葉が世の中に求められているのだと確信しています。

ただしそうは言っても、霊的なことに対し、まだまだ興味の域を脱していない人が多いのも事実。そして私のような存在への世間の風当たりが依然強いのもまた事実です。

しかし私は今後もスピリチュアリズムを語り、人生の問題に苦しむ人、希望を抱けず嘆き悲しむ人の、いわば灯籠《とうろう》のように、人生の道案内をしてゆきたいと願っております。それこそが私の役目であり、私がこの世に存在する意義なのだと思うからです。

一人でも多くの方にスピリチュアルな人生に目覚めていただくために書いた本書には、これまでの著書で語ってこなかった私の「真意」も綴《つづ》らせていただきました。私が表舞台に立ち、活動が一見華やかになるほど、物事を表面だけで判断する人々からは、さまざまな批判や、思わぬ憶測が飛び出します。それらに対する答えを私は本書に記したつもりです。

私はこれからも、この世に生ある限り、スピリチュアリズムを人々に語って参る所存です。

二〇〇三年一〇月　　　江原啓之

我が師　寺坂多枝子

「日暮れて途遠《みち》し」といつも呟いていた。その人は、私を霊的真理の道に導いてくださった我が恩師、寺坂多枝子先生。

師と出会ったのは私が十九歳のときでした。

本書にも書きましたが、当時の私は心霊現象に悩み、そして生きる道すらも見えない日々でした。自暴自棄になっていた私は、霊能者と言われる人を渡り歩きました。しかし、そのどの人も信用ならない、失礼ながら胡散《うさん》臭い人ばかりで（その経験は私の反面教師として役立てています）お金も底をつき、これで人生の苦悩から抜け出せなければ死のうと思い、人生を賭けるように、この人を最後にと向かったのが当時、巣鴨にお住まいだった寺坂多枝子《てらさかたえこ》先生でした。その日、不覚にも私は寝坊をしてしまったのですが、なんと驚くことに自分で自分の首を絞めて目が覚めたのでした。

慌てて鶴川のアパートを飛び出て、巣鴨の師の自宅前に着いたのがお約束ちょうどの時間で驚いたことを鮮明に覚えています。

インターホンを鳴らし一階にあるドアを開けると、狭い急な階段があり、階段の上から、品の良い小柄なご婦人に「どうぞお上がりください」と促され上がると、よく陽があたる明るい和室がありました。そこが師の面会場でした。その日は私にとってエポックメイキングでした。私の悩みを打ち明けるや否や、「ではお母さんを呼びましょう」と師が霊媒となり母が現れるは、父も現れるは、しかもどれも師が知るはずもない話が堰《せき》を切ったようにどんどんと溢れ出てくるのです。

心霊現象というと暗い部屋のイメージですが、前記したようによく陽が差す明るい和室です。

外は下町の商店街。心霊現象とは似ても似つかない場所です。霊言をはじめ師の稀《け》有《う》な霊視能力も発揮され、まるで私の暮らしを見ているかのようにすべてが的中していました。それだけでは終わりません。「霊が視《み》えるのは何かに憑依されているからではありませんから、除霊などすることはありません。あなたの持って生まれた体質です」と述べ、そして「あなたが心霊現象に振り回されるのは、あなたの霊格が低いから、低い霊に遊ばれる。高い霊は振り回すことなどないので、まずは人格の向上を目指すこと」と弱冠十八歳の若造に言われても困ることを厳しく言及されました。

(後の私は、霊に憑かれたと得意げに語る人には、この師の言葉を用いて「憑く霊が悪いのではなく、憑かれる自分が悪い」と伝え、波長の法則として一蹴しています。)

商店街の話し声も聴こえる明るい部屋で驚愕の霊能力。そして厳しい説教。でも帰りには、手をつけなかったお菓子を、まるで親しいおばさんのように半紙に包み、持たせてくださった。すべてがギャップだらけでした。しかしそのあまりにも普通な、常識的なお姿に感銘を受け、その日から、寺坂多枝子先生を私の師として、教えを仰ぐようになりました。霊現象に振り回される暮らしと、不幸のオンパレードのような人生にサヨナラしたいと思ったからです。

「霊現象に振り回されたくなければ、心霊研究をしなさい。正しい知識が無いからいたずらに怖れる。だから正しい霊的知識を得なさい。人格を高めなさい。精神を強くしなさい」と師は常に言及し、「自分は霊能者になるつもりはないのに、なぜこんなことをしなければならないのか」と何度も思いました。師の主催する勉強会「清玲会」では心霊研究と精神統一を重ねましたが、私の未熟さを諌《いさ》めるお説教もしばしば。お呼び出しということも何度もありました。すべては人格教育とでも言いましょうか。恐ろしいことに私の未熟な日常を師が霊視され、お叱りを受けることもありました。

また師は、今にして思えば心霊教育熱心でもありました。師が講師を勤めていた財団法人日本心霊科学協会の審神者《さにわ》である大西弘泰先生の実験会や、様々な研究会にも連れて行ってくださいました。師は私の霊媒としての能力を開眼させようとしていたのだと思います。基本となる精神統一。霊媒としての招霊実験。霊が降りるための訓練。これを口切《くちきり》といいますが、霊媒としての訓練こそが最良であるという師のメソッドがありました。その結果、招霊が得意にならずとも、自動書記や霊視、霊聴、またスピリチュアル・ヒーリングなどで開眼することもあり、そうやって師はそれまでにも何人もの霊媒を育てて来たようでしたが、私にはスパルタ教育のようにも感じられました。霊媒としての能力開発、ヒーリングのメソッド、除霊、浄霊法、そのすべてを教えられる人はいないでしょう。私が現在、書籍や雑誌でお伝えするお祓いなども、師のメソッドを元にしてお伝えしていることばかりです。

また、師は「現世の世間の常識を忘れてはいけません。世間からは如何《いかが》わしい目で見られる存在であることを忘れてはいけません。私などは霊媒として、女性にもかかわらず、男性の霊が降りるときは、女だてらに男口調になったり、胡坐《あぐら》をかいたりと正直恥ずかしくてたまらないのです」と、社会常識を重んじるがために襲われるその苦悩を切々と仰《おつしや》られたこともありました。

兎《と》にも角《かく》にも師の思い出は、品の良い厳しいインテリ。私は寺坂多枝子先生の元でお世話になり、本当に幸せでした。先生がお生まれになって間もなくご母堂様が亡くなられるという生い立ちで、師は母のぬくもりを知らずに育ったのだそうです。しかし、昔は珍しいことではありませんでしたが、師の叔母が後添《のちぞ》いに入り、母の代わりをしてくださったようでした。師は身体が弱く、よく高熱を出しては寝込んだそうですが、その度に亡くなった母が現れ、水を飲ませてくださったというのです。すると熱が下がるという現象が起きたり、鏡などに亡き母が映りお話をしたりと、その頃から霊能力を発揮されていたようでしたが、結核菌が耳に障り、師の片耳は聴こえませんでした。師曰く「何かを失えば、何かを得る。耳が聞こえない分、別の言葉が聴こえる」とその卓越した霊聴能力の秘密を明かしてくださいました。

正にパワーバランス、正負の法則です。いまでは霊能者の一人である私が言及するのもおかしいですが、師はとにかく不思議な人でした。いつも誰かと話していて、それが誰と話しているのかがわからないのです。といいますのも、日常的に霊と会話しているからなのです。「あら、まあ、そうですか」など独り言にしては対話調なので、違和感があるのです。そして独りで会話しながら笑ってみたり、顔を険しくさせたり。知らない人が見たら不可解でしょう。また師の周りには天狗のたろうちゃんという存在がいるのでした。大事な物が無くなったりすると「たろうちゃん教えて」などと独り言を語り、それから間もなくして「ありがとう。確かにありました」などとお礼を返しているのです。霊能力を信じない人にはその光景は摩訶不思議なことでしょう。私は師のその姿をとても興味深く観察させていただいておりましたが、ときどき師の言葉は霊にではなく、私に向いていたり、またあるときは私に仰ったのだと思い「なんでしょう」と尋ねると「あなたではありません」と仰られたりと、難しいことも多々ありました。

師のお父様はお役人でエリートでした。その娘さんということもあり、師は当時にしては珍しく英語教育を受けていて、英語が話せるために、終戦後は進駐軍で通訳として働いていたそうです。

その時代の方らしく、威厳と品格を重んじておりました。ご結婚は一度なさったようですが、わずか三ヵ月で離婚されたそうです。師曰く「男の人が汚らわしい」と感じたとか。しかし、ご自身を貫く気質から、お一人が性に合っていたのではないかと思います。

幼少時から霊能力は顕現《けんげん》していたものの、霊能力者として生きるまではなかったそうで、師のエポックメイキングなできごとは、師が五十歳の時に遭った交通事故でした。トラックにはねられたのです。そのときに幽体離脱を体験したそうで、はねられたと同時に、自身の身体から飛び出て、スローモーションのように空中回転をし、それはこれまで味わったことのない気持ちの良いときで、上から自身の身体を眺めたのだそうです。そして幽体が自身の身体に戻った瞬間に激しい痛みとなり、臨死体験のような経験をしたとうかがっています。その後から霊能力が強く顕現し、財団法人日本心霊科学協会の吉田綾先生のご指導で霊能者になられたそうです。

それにしても私が知る限り、寺坂多枝子先生以上の霊能力を有していた人は寡聞《かぶん》にして存じ上げません。「あなたの知らない世界」でおなじみの新倉《にいくら》イワオさんも、「寺坂さんほど優れた霊能者は見たことがない」と感慨深く仰いました。

通常、霊能者にも得意不得意があるものですが、寺坂先生はオールマイティだったように思います。霊媒としての霊言は定評があり、招霊した霊の生前個性がかなり顕《あらわ》れました。口調、仕草、内容も的確。霊聴能力も凄かった。小さな身体でありながら浄霊・除霊能力も素晴らしく、幼き頃は病弱であったにもかかわらず、念写も出来るパワーをお持ちでした。

これも正負の法則だと思いますが、師は神職の資格を取得されている一方で、英国のスピリチュアリズム視察にも出かけ、歴史的ヒーラー、ハリー・エドワーズやモーリス・テスターにも会い、絶えず研究と勉強をしていました。お父様がお役人だったためか、一般常識を重んじる方でもあり、「日本での霊能者の立場は曖昧《あいまい》だから社会的に認められる資格を持ちなさい。地に足をつけた人でいなさい」と言って、私に神職の道を勧めたのも英国で学ぶように勧めたのも師でした。「日本の霊能者は教祖のような唯我独尊《ゆいがどくそん》ばかり。あなたの時代には技術者としてアカデミックな世界にしなければいけません」と。師の勧めの通り私は足繁くロンドンにも行き学びました。当時海外の情報があまりなかった日本に、沢山の外国や英国の心霊研究情報を伝えました。まだまだ足りませんが、師の導きが私の活動になって顕現していると思います。

そしてなんといっても寺坂先生の思い出は、正義感と信念の強い気質ということです。

あるとき、よほど不愉快だったのか、珍しく私にお嘆きを語られました。「心霊研究の組織でも、派閥争いがあり、会議で寺坂さんはどちら派？　って聞かれましたが、私は神様派ですと答えました」と。

これこそ正に寺坂多枝子先生を顕しているエピソードだと思います。

心霊研究の教訓。霊能開発メソッド。そのほか書ききれないほどに沢山ご教示くださいました。そして沢山ご指導くださいました。作家の佐藤愛子氏の書籍では、私のこともたびたび取り上げられておりますが、佐藤愛子氏と私を繋いだのも寺坂先生でした。

佐藤愛子氏に関わる心霊現象の話は有名ですが、当初は寺坂多枝子先生も調査と救済に携わっておられました。しかし、あまりにも頻繁に起こる現象ということで「江原さん、佐藤さんのご近所だから、私に代わって行って差し上げて」という電話が始まりでした。そこから佐藤愛子氏も、霊的世界の実相と実際に起こった事実を書籍に残されています。もしかしたら、寺坂先生は私を世に認知させるために、佐藤愛子氏と繋いだのかもしれません。その流れで美輪明宏氏ともご縁をいただいたのですから。

いつも時間も体力も惜しまず、向学心に溢れていた寺坂先生。だからこその「日暮れて途遠し」。「もっと、もっと学ばなければ。そして世のため人のために生きなければ」と語っておられました。幼き頃に病弱で長く生きることはできないと言われていた先生でしたが、九十三歳まで生き抜いてくださいました。私の長男がまだお腹の中にいた頃、嬉しそうにお腹をさすってくださったお姿が忘れられません。

その後私が時代の寵児《ちょうじ》とされ、中々先生のお顔を拝見できなくなりました。ちょうどその頃、私が〝出る杭打たれる〟バッシングを受けていた時、ある雑誌の記者が、寺坂先生が私の師匠だということを知り、先生の病床にまで強引に取材に伺ったと聞きました。しかし、ほぼ寝たきりだった先生が突然、凜となさり「あの人は初めて会ったときに社会の役に立つ人になると思いました」とコメントしてくださったとご親族の方より伺い驚きました。先生の優しさに感謝しました。

そのお言葉を私は、自分の宝物として心の中におさめております。そして私から先生にお伝えしたいことがございます。それは「日は暮れておりません」ということです。先生の軌跡は私の軌跡として生き、その灯のバトンは未来に向かって繋がれていきます。この書籍には、私を通して先生の経験と感動がたくさん詰まっています。そしてこの度、縁あってこの本が新しく生まれ変わり、未来に繋ぐことができました。この本を読んだ沢山の人の、それぞれのたましいに灯というバトンが繋がります。どれほど道は遠くとも、日は暮れないのです。

私はこれからようやく、寺坂多枝子先生から教えて頂いたメソッドを伝えて行くことができます。私の活動も三十周年を過ぎましたが、まだまだ精進して参ります。奇しくも寺坂多枝子先生の御命日、一月六日に意思表明をお伝え申し上げます。

二〇二〇年一月六日

江原啓之

本書は、二〇〇三年十一月に新潮社より書き下ろし作品として
刊行された文庫を、一部加筆修正したものです。

|著者|江原啓之　スピリチュアリスト、オペラ歌手。一般財団法人日本スピリチュアリズム協会代表理事。1989年にスピリチュアリズム研究所を設立。主な著書に『幸運を引きよせるスピリチュアル・ブック』（三笠書房）、『予言』『守護霊』『聖なるみちびき　イエスからの言霊』（いずれも講談社）、『あなたの呪縛を解く　霊的儀礼』『災いから身を守る　霊的秘儀』（ともに講談社ビーシー／講談社）、『人生を変える7つの秘儀』（マガジンハウス）、『江原さん、こんなしんどい世の中で生きていくにはどうしたらいいですか？』（祥伝社）、『あなたが危ない！　不幸から逃げろ！』（ホーム社）などがある。

スピリチュアルな人生《じんせい》に目覚《めざ》めるために　心《こころ》に「人生《じんせい》の地図《ちず》」を持《も》つ

講談社文庫

江原啓之《えはらひろゆき》

定価はカバーに
表示してあります

2020年３月13日第１刷発行

発行者——渡瀬昌彦
発行所——株式会社　講談社
東京都文京区音羽2-12-21　〒112-8001
電話　出版（03）5395-3510
　　　販売（03）5395-5817
　　　業務（03）5395-3615

Printed in Japan

デザイン—菊地信義
製版———株式会社新藤慶昌堂
印刷———凸版印刷株式会社
製本———株式会社国宝社

ISBN978-4-06-519293-1

講談社文庫刊行の辞

二十一世紀の到来を目睫に望みながら、われわれはいま、人類史上かつて例を見ない巨大な転換期をむかえようとしている。

世界も、日本も、激動の予兆に対する期待とおののきを内に蔵して、未知の時代に歩み入ろうとしている。このときにあたり、創業の人野間清治の「ナショナル・エデュケイター」への志を現代に甦らせようと意図して、われわれはここに古今の文芸作品はいうまでもなく、ひろく人文・社会・自然の諸科学から東西の名著を網羅する、新しい綜合文庫の発刊を決意した。

激動の転換期はまた断絶の時代である。われわれは戦後二十五年間の出版文化のありかたへの深い反省をこめて、この断絶の時代にあえて人間的な持続を求めようとする。いたずらに浮薄な商業主義のあだ花を追い求めることなく、長期にわたって良書に生命をあたえようとつとめるところにしか、今後の出版文化の真の繁栄はあり得ないと信じるからである。

同時にわれわれはこの綜合文庫の刊行を通じて、人文・社会・自然の諸科学が、結局人間の学にほかならないことを立証しようと願っている。かつて知識とは、「汝自身を知る」ことにつきていた。現代社会の瑣末な情報の氾濫のなかから、力強い知識の源泉を掘り起し、技術文明のただなかに、生きた人間の姿を復活させること。それこそわれわれの切なる希求である。

われわれは権威に盲従せず、俗流に媚びることなく、渾然一体となって日本の「草の根」をかたちづくる若く新しい世代の人々に、心をこめてこの新しい綜合文庫をおくり届けたい。それは知識の泉であるとともに感受性のふるさとであり、もっとも有機的に組織され、社会に開かれた万人のための大学をめざしている。大方の支援と協力を衷心より切望してやまない。

一九七一年七月

野間省一

講談社文庫 最新刊

天野純希
有楽斎の戦
兄・信長を恐れ、戦場から逃げてばかりいた男が、やがて茶道の一大流派を築くまで。

大崎 梢
横濱エトランゼ
高校生の千紗が、横浜で起きる５つの〝不思議〟を解き明かす！ 心温まる連作短編集。

本城雅人
監督の問題
弱いチームにゃ理由《ワケ》がある。へっぽこ新米監督が最下位球団に奇跡を起こす!? 痛快野球小説。

海猫沢めろん
キッズファイヤー・ドットコム
カリスマホストがある日突然父親に!? 日本を革命するソーシャルクラウド子育て！

行成 薫
バイバイ・バディ
ミツルは、唯一の友達との最後の約束を守るため足掻《あが》く。狂おしいほどの青春小説！

アリス・フィーニー
西田佳子 訳
ときどき私は嘘をつく
嘘をつくと宣言した女が紡ぐ物語。誰を信じたらいいのか。元ＢＢＣ女性記者鮮烈デビュー！

さいとう・たかを
戸川猪佐武 原作
歴史劇画 大宰相
〈第五巻 田中角栄の革命〉
列島改造論を掲げた「庶民宰相」は、オイルショック、金脈批判で窮地に陥る。日本政治史上最も劇的な９００日！

講談社文芸文庫

つげ義春

つげ義春日記

昭和五〇年代、自作漫画が次々と文庫化される一方で、将来への不安、育児の苦労、妻の闘病と自身の不調など悩みと向き合う日々をユーモア漂う文体で綴る名篇。

解説＝松田哲夫

978-4-06-519067-8

つK1

稲垣足穂

稲垣足穂詩文集

編・解説＝中野嘉一・高橋孝次　年譜＝高橋孝次

前衛詩運動の歴史的視点からイナガキタルホのテクストを「詩」として捉え、編まれた、大正・昭和初期の小品集。詩論・随筆も豊富に収録。

いY1

978-4-06-519277-1

講談社文庫　目録

芥川龍之介　藪の中
有吉佐和子　新装版 和宮様御留
阿川弘之　春風落月
阿川弘之　亡き母や
阿刀田高　ナポレオン狂
阿刀田高　新装版 ブラック・ジョーク大全
阿刀田高　新装版 食べられた男
阿刀田高　新装版 妖しいクレヨン箱
阿刀田高　新装版 奇妙な昼さがり
阿刀田高編　ショートショートの花束1
阿刀田高編　ショートショートの花束2
阿刀田高編　ショートショートの花束3
阿刀田高編　ショートショートの花束6
阿刀田高編　ショートショートの花束7
阿刀田高編　ショートショートの花束8
阿刀田高編　ショートショートの花束9
安房直子　南の島の魔法の話
相沢忠洋　「岩宿」の発見〈幻の旧石器を求めて〉
安西篤子　花あざ伝奇

赤川次郎　真夜中のための組曲
赤川次郎　東西南北殺人事件
赤川次郎　起承転結殺人事件
赤川次郎　冠婚葬祭殺人事件
赤川次郎　人畜無害殺人事件
赤川次郎　純情可憐殺人事件
赤川次郎　結婚記念殺人事件
赤川次郎　豪華絢爛殺人事件
赤川次郎　妖怪変化殺人事件
赤川次郎　流行作家殺人事件
赤川次郎　ABCD殺人事件
赤川次郎　狂気乱舞殺人事件
赤川次郎　女優志願殺人事件
赤川次郎　輪廻転生殺人事件
赤川次郎　百鬼夜行殺人事件
赤川次郎　偶像崇拝殺人事件
赤川次郎　人間消失殺人事件
赤川次郎　四字熟語殺人事件〈ベスト・セレクション〉
赤川次郎　三姉妹探偵団

赤川次郎　三姉妹探偵団2〈キャンパス篇〉
赤川次郎　三姉妹探偵団3〈珠美・初恋篇〉
赤川次郎　三姉妹探偵団4〈怪奇篇〉
赤川次郎　三姉妹探偵団5〈復讐篇〉
赤川次郎　三姉妹探偵団6〈危機一髪篇〉
赤川次郎　三姉妹探偵団7〈駆け落ち篇〉
赤川次郎　三姉妹探偵団8〈人質篇〉
赤川次郎　三姉妹探偵団9〈青ひげ篇〉
赤川次郎　三姉妹探偵団10〈父恋し篇〉
赤川次郎　死が小径をやってくる〈三姉妹探偵団11〉
赤川次郎　死神のお気に入り〈三姉妹探偵団12〉
赤川次郎　次女と野獣〈三姉妹探偵団13〉
赤川次郎　心地よい悪夢〈三姉妹探偵団14〉
赤川次郎　ふるえて眠れ、三姉妹〈三姉妹探偵団15〉
赤川次郎　三姉妹、呪いの道行〈三姉妹探偵団16〉
赤川次郎　三姉妹、初めてのおつかい〈三姉妹探偵団17〉
赤川次郎　恋の花咲く三姉妹〈三姉妹探偵団18〉
赤川次郎　月もおぼろに三姉妹〈三姉妹探偵団19〉

講談社文庫　目録

赤川次郎　三姉妹、ふしぎな旅日記〈三姉妹探偵団20〉
赤川次郎　三姉妹、清く貧しく美しく〈三姉妹探偵団21〉
赤川次郎　三姉妹と忘れじの面影〈三姉妹探偵団22〉
赤川次郎　三姉妹、舞踏会への招待〈三姉妹探偵団23〉
赤川次郎　三人姉妹殺人事件〈三姉妹探偵団24〉
赤川次郎　三姉妹、さびしい入江の歌〈三姉妹探偵団25〉
赤川次郎　沈める鐘の殺人
赤川次郎　静かな町の夕暮に
赤川次郎　ぼくが恋した吸血鬼
赤川次郎　秘書室に空席なし
赤川次郎　我が愛しのファウスト
赤川次郎　手首の問題
赤川次郎　おやすみ、夢なき子
赤川次郎　二重奏《デュオ》
赤川次郎　メリー・ウィドウ・ワルツ
赤川次郎ほか　二十四粒の宝石〈超短編小説傑作集〉
赤川次郎 横田順彌　二人だけの競奏曲
新井素子　グリーン・レクイエム
安土敏　小説スーパーマーケット(上)(下)
安土敏　償却済社員、頑張る
阿井景子　真田幸村の妻
浅野健一　新・犯罪報道の犯罪
安能務訳　封神演義 全三冊
安部譲二　絶滅危惧種の遺言
安西水丸　東京美女散歩
トルーマン・カポーティ 安西水丸訳　真夏の航海
綾辻行人　緋色の囁き
綾辻行人　暗闇の囁き
綾辻行人　黄昏の囁き
綾辻行人　殺人方程式〈切断された死体の問題〉
綾辻行人　鳴風荘事件 殺人方程式II
綾辻行人　十角館の殺人〈新装改訂版〉
綾辻行人　水車館の殺人〈新装改訂版〉
綾辻行人　迷路館の殺人〈新装改訂版〉
綾辻行人　人形館の殺人〈新装改訂版〉
綾辻行人　時計館の殺人〈新装改訂版〉(上)(下)
綾辻行人　黒猫館の殺人〈新装改訂版〉
綾辻行人　暗黒館の殺人 全四冊
綾辻行人　びっくり館の殺人
綾辻行人　奇面館の殺人(上)(下)
綾辻行人　どんどん橋、落ちた〈新装改訂版〉
阿井渉介　荒《あら》南《は》風《え》
阿井渉介　うなぎ丸の航海
阿井渉介　生首岬の殺人〈警視庁捜査一課事件簿〉
阿井渉介 阿部牧郎他　薄灯かり〈官能時代小説アンソロジー〉
阿井文瓶　伏龍〈海底の少年特攻兵〉
我孫子武丸　0の殺人
我孫子武丸　人形はこたつで推理する
我孫子武丸　人形は遠足で推理する
我孫子武丸　人形はライブハウスで推理する
我孫子武丸　新装版 8の殺人
我孫子武丸　眠り姫とバンパイア
我孫子武丸　狼と兎のゲーム
我孫子武丸　新装版 殺戮にいたる病
有栖川有栖　ロシア紅茶の謎
有栖川有栖　スウェーデン館の謎
有栖川有栖　ブラジル蝶の謎

講談社文庫　目録

講談社文庫　目録

安藤祐介　営業零課《ぜろか》接待班
安藤祐介　被取締役《とりしまられやく》新入社員
安藤祐介　おい！　山　田〈大翔製菓広報宣伝部〉
安藤祐介　宝くじが当たったら
安藤祐介　一〇〇〇ヘクトパスカル
安藤祐介　テノヒラ幕府株式会社
青木理　絞首刑
天祢涼　議員探偵・漆原翔太郎〈セシューズ・ハイ〉
天祢涼　都知事探偵・漆原翔太郎〈セシューズ・ハイ〉
麻見和史　石の繭〈警視庁殺人分析班〉
麻見和史　蟻《あり》の階段〈警視庁殺人分析班〉
麻見和史　水晶の鼓動〈警視庁殺人分析班〉
麻見和史　虚空の糸〈警視庁殺人分析班〉
麻見和史　聖者の凶数〈警視庁殺人分析班〉
麻見和史　女神の骨格〈警視庁殺人分析班〉
麻見和史　蝶の力学〈警視庁殺人分析班〉
麻見和史　雨色の仔羊〈警視庁殺人分析班〉
麻見和史　奈落の偶像〈警視庁殺人分析班〉
麻見和史　深紅の断片〈警防課救命チーム〉

赤坂憲雄　岡本太郎という思想
有川浩　三匹のおっさん
有川浩　三匹のおっさん ふたたび
有川浩　ヒア・カムズ・ザ・サン
有川浩　旅猫リポート
青山七恵　わたしの彼氏
青山七恵　快楽
荒崎一海　無流心月剣〈宗元寺隼人密命帖㈠〉
荒崎一海　幽霊の足〈宗元寺隼人密命帖㈡〉
荒崎一海　名花散る〈宗元寺隼人密命帖㈢〉
荒崎一海　江都落涙〈宗元寺隼人密命帖㈣〉
荒崎一海　門前仲町〈九頭竜覚山 浮世綴㈠〉
荒崎一海　蓬萊橋雨景〈九頭竜覚山 浮世綴㈡〉
荒崎一海　寺町哀感〈九頭竜覚山 浮世綴㈢〉
荒崎一海　小《お》名《な》木《き》川《がわ》〈九頭竜覚山 浮世綴㈣〉
浅野里沙子　花篝《はなかがり》御探し物請負屋
朱野帰子《かえるこ》　駅物語
朱野帰子　超聴覚者 七川小春〈真実への潜入〉
東浩紀　一般意志2・0〈ルソー、フロイト、グーグル〉

朝倉宏景　白球アフロ
朝倉宏景　野球部ひとり
朝倉宏景　つよく結べ、ポニーテール
安達瑶　奈落の花〈堕ちたエリート〉
朝井リョウ　スペードの3
朝井リョウ　世にも奇妙な君物語
足立紳　弱虫日記
有沢ゆう希　ムサヲ原作　恋と嘘〈映画ノベライズ〉
有沢ゆう希　末次由紀原作　〈小説〉ちはやふる 上の句
有沢ゆう希　末次由紀原作　〈小説〉ちはやふる 下の句
有沢ゆう希　末次由紀原作　〈小説〉ちはやふる 結び
有沢ゆう希　ろびこ原作　〈小説〉となりの怪物くん
有沢ゆう希　小説 パーフェクトワールド〈君といる奇跡〉
蒼井凜花　女唇《ルージュ》の伝言
秋川滝美　幸腹《こうふく》な百貨店
秋川滝美　幸腹な百貨店〈デパ地下おにぎり騒動〉
東芙美子　原作 雲田はるこ　脚本 羽原大介　小説 昭和元禄落語心中
赤神諒　神遊の城
彩瀬まる　やがて海へと届く

五木寛之 ソフィアの秋
五木寛之 狼のブルース
五木寛之 海峡物語
五木寛之 風花のひと
五木寛之 鳥の歌(上)(下)
五木寛之 燃える秋
五木寛之 真夜中の望遠鏡〈流されゆく日々'78〉
五木寛之 ナホトカ青春航路〈流されゆく日々'79〉
五木寛之 旅の幻燈
五木寛之 他力
五木寛之 こころの天気図
五木寛之 新装版 恋歌
五木寛之 百寺巡礼 第一巻 奈良
五木寛之 百寺巡礼 第二巻 北陸
五木寛之 百寺巡礼 第三巻 京都Ⅰ
五木寛之 百寺巡礼 第四巻 滋賀・東海
五木寛之 百寺巡礼 第五巻 関東・信州
五木寛之 百寺巡礼 第六巻 関西
五木寛之 百寺巡礼 第七巻 東北

五木寛之 百寺巡礼 第八巻 山陰・山陽
五木寛之 百寺巡礼 第九巻 京都Ⅱ
五木寛之 百寺巡礼 第十巻 四国・九州
五木寛之 海外版 百寺巡礼 インド1
五木寛之 海外版 百寺巡礼 インド2
五木寛之 海外版 百寺巡礼 朝鮮半島
五木寛之 海外版 百寺巡礼 中国
五木寛之 海外版 百寺巡礼 ブータン
五木寛之 海外版 百寺巡礼 日本・アメリカ
五木寛之 青春の門 第七部 挑戦篇
五木寛之 青春の門 第八部 風雲篇
五木寛之 親鸞 青春篇(上)(下)
五木寛之 親鸞 激動篇(上)(下)
五木寛之 親鸞 完結篇(上)(下)
五木寛之 五木寛之の金沢さんぽ
井上ひさし モッキンポット師の後始末
井上ひさし ナイン
井上ひさし 四千万歩の男 全五冊
井上ひさし 四千万歩の男 忠敬の生き方

井上ひさし ふふふふ
井上ひさし 黄金《きん》の騎士団(上)(下)
井上ひさし 一分ノ一(上)(中)(下)
井上ひさし／司馬遼太郎 新装版 国家・宗教・日本人
池波正太郎 私の歳月
池波正太郎 よい匂いのする一夜
池波正太郎 梅安料理ごよみ
池波正太郎 わが家の夕めし
池波正太郎 新装版 緑のオリンピア
池波正太郎 新装版 殺しの四人〈仕掛人・藤枝梅安(一)〉
池波正太郎 新装版 梅安蟻地獄〈仕掛人・藤枝梅安(二)〉
池波正太郎 新装版 梅安最合傘〈仕掛人・藤枝梅安(三)〉
池波正太郎 新装版 梅安針供養〈仕掛人・藤枝梅安(四)〉
池波正太郎 新装版 梅安乱れ雲〈仕掛人・藤枝梅安(五)〉
池波正太郎 新装版 梅安影法師〈仕掛人・藤枝梅安(六)〉
池波正太郎 新装版 梅安冬時雨〈仕掛人・藤枝梅安(七)〉
池波正太郎 新装版 忍びの女(上)(下)
池波正太郎 新装版 殺しの掟

講談社文庫　目録

岩井三四二　戦国連歌師
岩井三四二　銀閣建立
岩井三四二　竹千代を盗め
岩井三四二　一所懸命
岩井三四二　鬼《き》弾《だん》〈鹿王丸、翔ぶ〉
絲山秋子　逃亡くそたわけ
絲山秋子　袋小路の男
絲山秋子　絲的メイソウ
絲山秋子　絲的炊事記〈豚キムチにジンクスはあるのか〉
絲山秋子　ラジ＆ピース
絲山秋子　絲的サバイバル
絲山秋子　北緯14度〈セネガルでの2ヵ月〉
石黒耀　死都日本
石黒耀　震災列島
石黒耀　富士覚醒
石黒耀　忠臣蔵異聞〈家老 大野九郎兵衛の長い仇討ち〉
石井睦美　皿と紙ひこうき
犬飼六岐　筋違い半介
犬飼六岐　吉岡清三郎貸腕帳
犬飼六岐　蛻《もぬけ》
石川大我　ボクの彼氏はどこにいる？
石松宏章　マジでガチなボランティア
伊藤比呂美　とげ抜き〈新巣鴨地蔵縁起〉
伊東潤　疾《はや》き雲のごとく
伊東潤　戦国鬼譚 惨
伊東潤　虚《うつ》けの舞
伊東潤　叛《はん》鬼《き》
伊東潤　国を蹴った男
伊東潤　峠越え
伊東潤　黎明に起《た》つ
伊東潤　池田屋乱刃
池田清彦　すこしの努力で「できる子」をつくる
市川拓司　吸涙鬼
石飛幸三　「平穏死」のすすめ〈口から食べられなくなったらどうしますか〉
石井光太　感染宣告〈エイズウィルスに人生を変えられた人々の物語〉
磯﨑憲一郎　赤の他人の瓜二つ
池田邦彦　カレチ 車掌純情物語 1
池田邦彦　カレチ 車掌純情物語 2
池田邦彦　カレチ 車掌純情物語 3
岩明均　文庫版 寄生獣 1
岩明均　文庫版 寄生獣 2
岩明均　文庫版 寄生獣 3
岩明均　文庫版 寄生獣 4
岩明均　文庫版 寄生獣 5
岩明均　文庫版 寄生獣 6
岩明均　文庫版 寄生獣 7
岩明均　文庫版 寄生獣 8
伊藤理佐　女のはしょり道
伊藤理佐　また！ 女のはしょり道
石黒正数　外《げ》天《てん》楼《ろう》
石川宏千花　お面屋たまよし
石川宏千花　お面屋たまよし 彼岸ノ祭
伊与原新　ルカの方舟《はこぶね》
稲葉圭昭《よしあき》　恥さらし〈北海道警 悪徳刑事の告白〉
稲葉博一《ひろいち》　忍者烈伝
稲葉博一　忍者烈伝ノ続
稲葉博一　忍者烈伝ノ乱〈天之巻〉〈地之巻〉

2019年12月15日現在